FIGURES DU SAVOIR

*Collection
dirigée
par
Richard Zrehen*

CICÉRON

CLARA AUVRAY-ASSAYAS

CICÉRON

LES BELLES LETTRES

2006

À la mémoire de mes grands-parents

© *2006, Société d'édition Les Belles Lettres*
95, bd Raspail 75006 Paris

www.lesbelleslettres.com

ISBN : 2-251-76054-7

Repères chronologiques

106 : le 3 janvier, naissance à Arpinum, petite ville située à 120 km au Sud-Est de Rome, de Cicéron (Marcus Tullius Cicero), dans une famille de chevaliers qui l'enverra poursuivre ses études à Rome auprès des orateurs Crassus et Antoine ; naissance de Pompée.

100 : naissance de Gaius Julius Caesar, neveu de Marius, réélu consul pour la sixième fois.

91-88 : Cicéron est placé sous le commandement du père de Pompée pendant la Guerre sociale et se lie avec le fils ; il étudie le droit auprès de Q. Mucius Scævola, l'Augure et écoute les conférences de Philon de Larissa et de Phèdre à Rome.

87 : Cicéron étudie le droit avec Q. Mucius Scaevola, le Grand Pontife, rencontre le stoïcien Posidonius de Rhodes et se lie avec Diodote, philosophe stoïcien qui restera chez lui jusqu'à sa mort ; il rédige le dialogue *Sur l'invention*.

80 : Premier plaidoyer de Cicéron dans un procès public, le *Pour Sextus Roscius*.

79-78 : Cicéron voyage en Asie mineure et en Grèce ; suit les conférences de Posidonius, à Rhodes, d'Antiochus d'Ascalon, de Zénon de Sidon et de Phèdre à Athènes.

77 : Cicéron est nommé questeur (magistrat chargé du contrôle des finances des provinces) en Sicile, à Lilybée.

73 : conduits par Spartacus, les gladiateurs et les esclaves se révoltent.

71 : Pompée et Crassus écrasent la révolte.

70 : Cicéron met en accusation Verrès, ancien gouverneur, pour détournement de fonds en Sicile ; Crassus et Pompée sont nommés consuls.

69 : Cicéron est nommé édile (magistrat chargé de la juridiction civile et de l'ordre public).

66 : Cicéron est nommé préteur (magistrat chargé de l'organisation de la justice).

65 : Jules César devient édile.

63 : Cicéron est nommé consul ; il dénonce la conjuration de Catilina et fait condamner sans procès ses complices à la faveur d'un *senatus consultum ultimum*.

60 : César, Crassus et Pompée se partagent le pouvoir et forment le premier « triumvirat ».

59 : Jules César devient consul.

58 : Cicéron est envoyé en exil par le tribun de la plèbe Clodius.

57 : Cicéron revient d'exil.

56 : rédige le dialogue *De l'orateur*.

53 : élu membre du collège des augures (chargé du contrôle des auspices)

51 : Jules César achève la conquête de la Gaule ; Cicéron publie *La République*, dialogue commencé en 54 ; gouverne la province de Cilicie ; commence la rédaction du dialogue *Les lois*.

50 : Cicéron revient en Italie.

49 : Jules César franchit le Rubicon (petit fleuve qui sépare la Gaule cisalpine de l'Italie) et rentre en Italie avec ses troupes, déclenchant la guerre civile.

48 : Jules César bat Pompée à Pharsale (Grèce du nord) ; Pompée s'enfuit en Egypte où il est assassiné.

47 : Cicéron, qui a suivi Pompée pendant la guerre civile, reçoit le pardon du vainqueur, César.

46 : rédige le *Brutus*, les *Paradoxes des stoïciens*, l'*Eloge de Caton*, l'*Orateur*.

45 : rédige l'*Hortensius*, la *Consolation* (après la mort de sa fille Tullia en février), les *Académiques*, le dialogue *Des termes extrêmes*, les *Tusculanes*, *La Nature des dieux*.

44 : rédige les dialogues *De la vieillesse*, *La Divination*, *Traité du destin*, *L'Amitié*, *Les Topiques*, *Les Devoirs* et, contre Marc-Antoine, ses quatre premières *Philippiques* ; Jules César est assassiné.

43 : Marc-Antoine, Lépide et Octave, le futur Auguste, forment le deuxième triumvirat ; Cicéron lutte contre Marc-Antoine jusqu'à sa quatorzième *Philippique* ; il est tué le 7 décembre sur ordre de Marc-Antoine.

Introduction

De l'Antiquité jusqu'à la fin du XVIIIe siècle, les dialogues philosophiques de Cicéron ont été lus, commentés et largement utilisés sans que la compétence
philosophique de leur auteur ait été contestée, bien au
contraire : Cicéron a fourni aux Pères de l'Eglise les
armes pour combattre le paganisme et les arguments
pour prouver la providence divine ; les érudits du
Moyen Age ont abondamment copié des œuvres dont
ils découvraient la force grâce à l'influence qu'elles
eurent sur Augustin ; pour Montaigne, pour Gassendi
comme pour Voltaire, enfin, Cicéron fut un maître de
la liberté de pensée, du questionnement et du doute
méthodique.

Le point de vue a radicalement changé quand le
XIXe siècle a « redécouvert » la philosophie grecque et
en a fait l'origine et le modèle de ses propres pratiques
philosophiques. On a alors cessé de lire Cicéron pour
lui-même : on l'a lu seulement pour y retrouver les
Grecs. Son œuvre fut réduite au statut de compilation,

simple agencement d'exposés derrière lesquels il fallait « reconstruire » une ou plusieurs sources grecques obscurcies ou trahies par la traduction en latin.

Une si brutale disqualification a au moins le mérite de mettre en évidence les obstacles sur lesquels le lecteur d'aujourd'hui peut encore buter et qu'on pourrait ainsi résumer : Cicéron n'est qu'un « passeur » dont les compétences se limitent à la « traduction » des Grecs, et s'il témoigne d'un intérêt digne de l'« honnête homme » pour la philosophie, toute sa vie fut celle d'un homme politique qui a pu conquérir le pouvoir grâce à des dons d'orateur exceptionnels. Un politique ne saurait être philosophe, un Romain ne saurait philosopher autrement que les Grecs : ces « résistances » qui gênent encore la lecture de Cicéron pour lui-même ne sont pourtant pas de simples préjugés. Elles rendent compte de la réelle difficulté de l'œuvre, qui vient précisément du pari ambitieux de Cicéron : il veut écrire la philosophie dans la langue qu'on parle au forum pour mieux placer le débat philosophique au cœur de l'espace politique. Faire du politique le domaine où l'activité des hommes peut atteindre l'excellence et réorganiser à partir de là toute la hiérarchie des valeurs, tel est le but vers lequel s'oriente le cheminement philosophique de Cicéron.

Relire Cicéron aujourd'hui suppose donc qu'on restitue tous ses enjeux philosophiques au choix initial qu'il a fait : écrire la philosophie en latin, non en grec, et pour cela forger une langue « philosophique » qui n'existe pas encore, qui s'enrichit à mesure que la pensée s'élabore. Outil qui donne à penser à partir de découpages conceptuels étrangers à la langue grecque, ce latin en devenir permet à Cicéron d'explorer d'autres chemins.

Mais ces explorations ont pour origine les questions qu'ont posées avant lui les philosophes grecs : apprécier l'usage qu'il fait de ses prédécesseurs ou de ses contemporains est la seconde condition pour comprendre la spécificité de Cicéron. On peut désormais le faire grâce aux travaux qui, depuis moins de cinquante ans, ont modifié radicalement nos connaissances sur la philosophie hellénistique d'époque romaine[1] : ils permettent non seulement de réévaluer la compétence philosophique de Cicéron en lui restituant ce qu'on a trop longtemps attribué à des sources fictives, mais surtout de saisir la cohérence d'un véritable cheminement philosophique. Mais avant d'évoquer les étapes de ce parcours, il convient de préciser d'emblée ce qu'il doit à la position singulière de Cicéron dans le monde de la philosophie antique.

Cicéron n'est pas un professeur ou un conférencier venu du monde grec, comme le furent les Stoïciens Panétius et Posidonius[2] ou l'Epicurien Philodème de

---

1. On trouvera dans les trois volumes des *Philosophes hellénistiques* (A. A. Long & D. Sedley – traduction française par J. Brunschwig et P. Pellerin – G.F. Flammarion 2001) une abondante bibliographie classée qui donne la mesure des travaux accomplis ces dernières décennies.

2. Panétius de Rhodes (env. 185-109 av. J.-C.), après avoir été formé à Pergame et à Athènes, est venu à Rome où il fut accueilli par la puissante famille des Scipion. Il reprit ensuite la direction de l'Ecole stoïcienne à Athènes (la Stoa). On trouvera les témoignages antiques sur ses écrits perdus rassemblés par F. Alesse, *Panezio di Rodi-Testimonianze*, Naples, Bibliopolis, 1997.

Posidonius d'Apamée (env. 135-51 av. J.-C.) suivit l'enseignement de Panétius à Athènes puis s'établit à Rhodes où il exerça des charges publiques et dispensa un enseignement qui faisait venir à Rhodes Grecs et Romains (comme Cicéron). Les fragments de son œuvre sont rassemblés et commentés par L. Edelstein et I. G. Kidd, *Posidonius-I The fragments- II The commentary*, Cambridge University Press, 3. Vols., 1972-1988.

Gadara[3], il n'est pas non plus, comme son contemporain Lucrèce[4], un Romain soucieux de transmettre une doctrine grecque, en l'occurrence la « révélation » d'Epicure. D'autre part c'est un citoyen qui a conquis la plus haute magistrature de la République romaine, le consulat, ce n'est ni un « conseiller » du Prince, comme le sera Sénèque, ni un ancien esclave comme Epictète, ni l'Empereur non plus, comme Marc-Aurèle[5]. Son engagement total dans la vie politique, même après que la dictature de César l'aura éloigné du centre du pouvoir, a une conséquence décisive sur sa pratique de la philosophie qui n'est pas le fruit de l'isolement, d'un loisir studieux (*otium*) conçu en opposition aux affaires publiques, mais au contraire

3. Philodème de Gadara (env. 110-40 av. J.-C.) est venu à Rome vers 75 et a bénéficié des protections de la puissante famille des Pison ; à Herculanum, près de Naples, il a enseigné la doctrine épicurienne et plus généralement l'histoire de la philosophie à beaucoup de Romains (dont Virgile et Horace). Ses nombreuses œuvres, découvertes dans les papyrus d'Herculanum, sont éditées depuis une trentaine d'années dans la collection « La scuola di Epicuro », Bibliopolis, Naples.

4. Lucrèce (env. 94-51 av. J.-C.) a le premier exposé en vers latins la doctrine d'Epicure dans son poème *De rerum natura*. Cicéron est le seul, parmi ses contemporains, à mentionner cette œuvre dont il loue l'achèvement artistique (*Lettre à son frère Quintus* 2, 10).

5. Sénèque (env. 4 av. J.-C.-65), formé à la philosophie stoïcienne, fut chargé d'instruire le jeune Néron dont il fut ensuite le conseiller jusqu'en 62 ; Epictète, qui vécut dans la seconde moitié du Ier siècle ap. J.-C., fut affranchi par son maître et, après avoir suivi les leçons du stoïcien Musonius Rufus, il enseigna lui même ; ses cours furent publiés par Arrien sous les titres *Discours* et *Manuel*. Marc-Aurèle (121-180), qui fut empereur de 161 à 180, est le modèle ancien le plus achevé du « philosophe-roi » mettant en pratique les préceptes du stoïcisme : ses *Pensées* nous restituent les méditations qu'il écrivit pour lui-même.

une activité qui a irrigué toutes les autres depuis sa jeunesse. Enfin et surtout, Cicéron veut prolonger à Rome une tradition philosophique, celle de la Nouvelle Académie[6], qui se définit d'abord par une méthode critique destinée à mettre à l'épreuve la cohérence des doctrines stoïcienne et épicurienne.

Pour toutes ces raisons, Cicéron ne peut trouver sa place parmi ces médecins de l'âme et ces maîtres de sagesse que les lecteurs d'aujourd'hui ont redécouverts dans la philosophie hellénistique et romaine. Il n'y a dans son œuvre aucune figure de sage qui vienne offrir un modèle philosophique ou politique, aucun « système de la nature » qui garantirait des normes politiques et éthiques. Cicéron ne propose pas au lecteur de notre temps une médecine soignant le mal de vivre pas plus qu'il ne lui donne l'occasion, en ces temps troublés, de croire en la toute-puissance de la raison. Tout le projet philosophique de Cicéron est construit sur l'homme, appréhendé en-dehors des catégories du sage, du philosophe et de l'insensé : c'est l'homme, dans sa précarité ontologique, ses limitations cognitives, ses capacités à tisser et à détruire les liens sociaux et politiques, son enracinement dans l'histoire, son besoin d'action et ses aspirations à connaître ce qui lui est pourtant inaccessible.

---

6. La « Nouvelle Académie » désigne l'école de Platon à partir du scholarque Arcésilas (316-242 av. J.-C.) qui a privilégié une interprétation sceptique de Platon alors que les premiers successeurs du maître (Speusippe, Xénocrate, Polémon) semblent avoir donné une forme dogmatique aux éléments de doctrine qu'on trouve dans les dialogues. Après Arcésilas, Carnéade (214-129 av. J.-C.) puis Clitomaque (187-110 av. J.-C.) et enfin Philon de Larissa (159-84 av. J.-C.) ont maintenu l'interprétation sceptique.

Ainsi observé et étudié, l'homme sur lequel Cicéron s'interroge est un objet philosophique inédit dans l'Antiquité : il n'est pas en effet « la mesure de toutes choses », suivant la conception du sophiste Protagoras qui fait de l'homme la seule référence possible, mais il n'est pas non plus le malade qu'il faut guérir ou l'ignorant qu'il faut éduquer. Il n'est donc ni la justification d'un relativisme paresseux ni un matériau à façonner : Cicéron refuse à la fois de limiter l'enquête philosophique à une anthropologie et de transformer sa réflexion sur l'homme en programme d'éducation. C'est ce qui fait la singularité de Cicéron et son intérêt pour le lecteur d'aujourd'hui.

Fruit de la maturité, l'œuvre philosophique de Cicéron fut rédigée pendant les dix dernières années de sa vie ; elle donne une forme écrite à une pratique continue de la philosophie qu'il présente lui-même comme une autre facette de son engagement dans la vie publique dans cette esquisse d'autobiographie intellectuelle rédigée deux ans avant sa mort :

> « Ce n'est pas du jour au lendemain que je me suis mis à faire de la philosophie et dès ma première jeunesse j'ai consacré à cette étude des efforts importants et soutenus ; c'est justement lorsqu'il y paraissait le moins que je m'adonnais plus que jamais à la philosophie : mes discours, tout pénétrés de philosophie, en témoignent ainsi que mon intimité avec les savants éminents dont s'honora toujours ma demeure, et encore ces maîtres qui m'ont formé, Diodote, Philon, Antiochus[7], Posidonius, les meilleurs représentants de leurs doctrines. (...)

---

7. Antiochus d'Ascalon (130 av. J.-C.-?) fut le disciple de Philon de Larissa avant de fonder sa propre école. Sur l'influence exercée par ces trois maîtres voir p. 33-36.

> *Si l'on me demande quel motif m'a poussé à écrire si tard sur ces sujets, il n'est rien que je puisse expliquer aussi aisément. Comme je languissais dans l'inaction et que l'état de la république rendait nécessaire d'en confier le gouvernement à la capacité de décision et à la responsabilité d'un seul homme, j'ai pensé qu'avant tout, dans l'intérêt même de la république, il me fallait exposer la philosophie à nos concitoyens, estimant qu'il importait grandement au prestige et à la gloire de notre cité que des sujets si graves et si nobles fussent traités en latin »*[8].

C'est donc après qu'il a exercé le consulat, terme d'une carrière des honneurs qu'il a menée sans être issu d'une famille sénatoriale, après qu'il a connu l'exil, vécu les horreurs de la guerre civile qui a opposé César et Pompée, assisté enfin à la confiscation de tous les pouvoirs par César que Cicéron rédige la plupart des ses œuvres. Réponse autant politique que philosophique à l'émergence de la tyrannie, l'ensemble des dialogues et traités tente de maintenir, dans l'espace public que délimite l'usage du latin, la possibilité de réfléchir et d'échanger librement sur les questions vitales de l'éthique et du politique : si les dialogues d'avant la guerre civile portent explicitement sur les conditions d'exercice de la citoyenneté, qu'il s'agisse de la constitution de l'état, de ses lois, de la rhétorique politique, les dialogues écrits sous la dictature de César et après sa mort reprennent sur un plan plus vaste l'enquête sur les valeurs qui doivent guider la conduite de l'homme-citoyen. Que peut-on connaître ? L'ordre du monde nous est-il accessible ? Les dieux interviennent-ils dans la vie des hommes ?

---

8. Cicéron, *La Nature des dieux* 1, 6-7.

Ces questions, préalables à toute réflexion sur les fins de la vie humaine et la possibilité du bonheur, sont posées au cours d'échanges et de confrontations qui mettent aux prises des interlocuteurs représentant des traditions philosophiques variées et souvent opposées : en privilégiant la forme du débat contradictoire, Cicéron rappelle à ses contemporains, comme aux lecteurs d'aujourd'hui, que la pratique dialoguée de la philosophie peut fournir un modèle aux échanges qui se font dans l'espace civique du forum.

L'orientation résolument politique de ce projet philosophique explique deux aspects essentiels de la singularité de Cicéron : s'il a choisi de prolonger à Rome la tradition de la Nouvelle Académie, c'est parce qu'il y trouve la liberté de jugement, étouffée selon lui dans les écoles stoïcienne et épicurienne par le respect aveugle du dogme ou du maître. Aussi n'est-il pas étonnant qu'il ne se considère pas comme le disciple d'un maître mais comme le défenseur ou l'avocat – *patronus* – d'une tradition philosophique privée de représentants[9].

C'est donc comme un avocat au *forum*, lieu des discours judiciaires et politiques, que Cicéron veut faire valoir l'intérêt de la lignée philosophique qu'il défend et la tension polémique qui parcourt son œuvre s'explique par les enjeux que Cicéron attache à une manière de philosopher dont les implications sont autant politiques que philosophiques : en refusant toute forme d'autorité, en exerçant sans relâche une vigilance critique qui n'épargne pas même les philosophes qu'il admire, comme Platon ou Carnéade,

---

9. Philon, le dernier scholarque de l'Académie, est mort en 84 av. J.-C, soit trente ans avant les premiers dialogues de Cicéron.

Cicéron tente de maintenir la liberté qui fait de lui un citoyen-philosophe. C'est seulement en effet grâce au maintien de cette liberté que peut être garantie l'autonomie d'un sujet qui seul est l'instance de jugement et de décision. Mais cette autonomie ne se constitue pas dans l'isolement : ce n'est pas l'autonomie du sage stoïcien, forgée pour se prémunir de toutes les servitudes, c'est l'autonomie d'un sujet qui vote, qui agit, dans une communauté où le débat d'idées et les conflits d'opinions sont le puissant moteur de l'Histoire. Ainsi, les différents plans sur lesquels se joue la liberté du sujet font apprécier les liens étroits qui associent l'acte d'écrire des dialogues philosophiques et l'engagement sans réserves dans la vie politique, quelle que soit la forme que les circonstances peuvent lui donner.

Reste à préciser ce qui fait de Cicéron un philosophe : il ne suffit pas de dire qu'il pense dans sa langue et qu'il déplace du même coup l'enjeu et les perspectives des questions classiques de philosophie. Il ne suffit pas de dire, non plus, qu'il choisit dans la vaste « bibliothèque des Grecs » pour réfléchir avec des outils à chaque fois mis à l'épreuve. Ni le déplacement d'une langue à l'autre ni la liberté de jugement dont il fait preuve pour repenser et réévaluer les questions posées par ses prédécesseurs en philosophie ne sauraient résumer l'apport de Cicéron à la philosophie, quand bien même on trouverait facilement en lui beaucoup des traits que Diderot a loués chez le philosophe éclectique :

> « L'éclectique est un philosophe qui foulant aux pieds le préjugé, la tradition, l'ancienneté, le consentement universel, l'autorité, en un mot tout ce qui subjugue les esprits, ose penser de lui-même, remonter aux principes

généraux les plus clairs, les examiner, les discuter, n'admettre rien que sur le témoignage de son expérience et de sa raison... »[10].

Cet idéal philosophique du Siècle des Lumières est essentiellement une méthode : Cicéron l'a anticipée mais ce n'est pas là son seul mérite. Il a aussi et surtout construit un espace conceptuel nouveau : pour en prendre la mesure, comme je me propose de le faire dans ce livre, il faut donner toute son extension au *probabile* – ce qui est susceptible de recevoir mon approbation /ce qui peut être soumis à l'examen – dont l'élaboration comme concept a permis à Cicéron de définir progressivement des champs de réflexion qui lui sont propres.

On verra d'abord pourquoi le *probabile* n'est pas une « traduction du grec » mais un concept forgé par Cicéron ; son usage ne se limite pas à la théorie de la connaissance mais permet d'articuler la rhétorique et la philosophie et, en conséquence, le politique et la philosophie. C'est en cela qu'il aide à réfléchir sur la place de l'homme dans le monde et qu'il fixe les conditions de possibilité d'un discours sur l'homme en même temps qu'il donne une complète cohérence à l'homme comme sujet éthique.

Privilégier le *probabile* pour parcourir le corpus philosophique de Cicéron revient à proposer une orientation de lecture, celle que j'ai jugée la plus pertinente pour faire ressortir la fécondité de l'œuvre, sans toutefois la figer dans une approche qui chercherait à « systématiser » comme autant de chapitres d'une doctrine ce qui précisément s'est construit

10. *Encyclopédie*, article *Eclectisme*.

dans une critique rationnelle de toutes les doctrines systématiques.

Pour restituer ce cheminement critique sans nuire à la clarté de l'exposition, il faut prendre quelques précautions qui consistent d'abord à ne pas se contenter de chercher Cicéron derrière le masque de tel ou tel interlocuteur, mais à envisager au contraire tout le savant dispositif interprétatif que ses dialogues mettent en place. Il faut aussi prendre garde à ne pas isoler deux périodes dans la production cicéronienne qu'à peine huit ans séparent mais considérer l'œuvre comme une totalité : on évite ainsi d'inventer des divergences entre deux séries d'œuvres au motif qu'elles auraient été inspirées par deux maîtres différents, Antiochus ou Philon, ou produites dans des circonstances différentes. S'il est vrai que les trois premiers grands dialogues ont été écrits avant la guerre civile, on doit surtout retenir que toutes les œuvres philosophiques furent rédigées lorsque Cicéron, de retour d'exil, a constaté qu'il avait irrémédiablement perdu son pouvoir et son influence politiques.

Enfin, savoir à quel philosophe Cicéron emprunte tel ou tel développement a un intérêt philosophique seulement si l'emprunt est explicité par Cicéron et abordé dans une problématique qui fixe les enjeux de l'emprunt ; si ce n'est pas le cas, quand bien même la filiation paraît évidente aux yeux d'un lecteur moderne, on ne gagne rien à mettre un nom précis sur ce qui est présenté sous l'anonymat d'une pensée commune et qui a de bonnes chances d'avoir été, alors, perçu et reçu comme commun : les conditions de circulation et de diffusion des œuvres des philosophes dans l'Antiquité sont telles que l'Aristote de Cicéron, qui a pour nous disparu, présente très peu de traits communs à celui que nous lisons aujourd'hui et qui fut exhumé après la mort de Cicéron.

Toutes ces précautions sont dictées par le souci de respecter au mieux les conditions mêmes dans lesquelles Cicéron a élaboré sa pensée. Or ces conditions doivent être explicitées au préalable si l'on veut faire la part des déterminations historiques et culturelles dans l'activité philosophique de Cicéron. C'est la raison pour laquelle je commencerai par traiter de la « réception » qu'accorde Cicéron à la philosophie grecque en mettant l'accent sur la liberté dont il fait preuve par rapport aux autorités philosophiques grecques. Cette liberté est celle que peut revendiquer le citoyen romain, celle du « défenseur » d'un héritage activement réapproprié et non passivement reçu : liberté de l'écrivain qui n'est pas un « traducteur », liberté encore dans la recréation de la forme platonicienne du dialogue, liberté enfin dans les relectures et usages de Platon.

De là vient que Cicéron n'est pas un historien de la philosophie mais un philosophe voulant construire une histoire de la philosophie qui fournisse à ses lecteurs des outils pour penser. Si l'on prend en compte cette manière propre de philosopher, on verra comment s'élabore puis se déploie le concept cicéronien de *probabile* : son extension maximale fait saisir rétrospectivement la cohérence du projet général, depuis ses premières formulations dans le dialogue *Sur l'orateur*, en 55 av. J.-C., et autorise à lire en réseau l'ensemble des écrits philosophiques, sans contraindre à privilégier, œuvre par œuvre, les affiliations explicites et les problématiques reçues.

J'aborderai ainsi successivement trois aspects essentiels de la pensée éthique et politique de Cicéron qui peuvent être introduits brièvement comme autant de questions : quelles conditions politiques et philosophiques peuvent-elles légitimer un bon usage de la parole ? Quels sont les modèles susceptibles de fonder une théorie politique et une éthique ? Comment définir le sujet éthique en prenant en compte tout l'homme, être de sociabilité, d'affects, corps et âme mêlés ?

La fécondité de ces questions explique aisément l'importante postérité de Cicéron, de l'Antiquité chrétienne jusqu'aux Lumières : mais va-t-elle au-delà ? Jamais revendiquée, quand elle n'est pas sciemment occultée, l'influence cicéronienne n'est pas décelable comme telle, tant elle est partie intégrante de la culture : l'un des buts de ce livre est de fournir les moyens de « retrouver » la postérité latente de Cicéron dans les approches contemporaines de la philosophie. Philosophie du sujet, philosophie du citoyen, parce qu'elle est d'abord une philosophie du *probabile*, où le sujet s'engage dans un acte de jugement dont il a appréhendé au préalable les limites, la philosophie de Cicéron invite le lecteur d'aujourd'hui à refaire le parcours qui mène d'une épistémologie « par provision » à une construction politique et éthique où l'homme peut trouver les raisons de l'action.

I

Juger librement

> « *Mon jugement est libre : je maintiendrai les règles que je me suis fixées et je rechercherai toujours, sur tous les sujets, ce qui est le mieux fondé à recevoir mon approbation (probable) parce que je ne me suis pas lié aux lois d'une seule école qui, dans la pratique de la philosophie, me contraindraient à l'obéissance.* »[1]

Sans les dialogues de Cicéron, où des Romains exposent les doctrines des principales écoles philosophiques encore représentées à l'époque romaine, on ne saurait presque rien des débats et des polémiques qui ont nourri la production philosophique depuis la mort de Théophraste[2], le disciple et successeur

---

1. Cicéron, *Tusculanes*, 4, 7.
2. Théophraste (env. 372-288 av. J.-C.) dirigea l'école d'Aristote, le Lycée, après la mort de ce dernier (322 av. J.-C.). De ses œuvres nombreuses, il reste seulement (les *Charactères* exceptés)

d'Aristote, jusqu'à Cicéron. Ainsi, la perte d'une grande partie de la philosophie d'époque hellénistique a fait de Cicéron un historien de la philosophie irremplaçable : mais cette fonction n'est pas celle que Cicéron se reconnaît. S'il sait parfaitement utiliser l'histoire de la philosophie, parce qu'il maîtrise ce qui est en jeu dans les diverses conceptions de l'histoire des doctrines qui s'opposent à son époque, son but est de soumettre à un examen critique ce que les philosophes grecs ont soutenu sur les sujets qu'il veut traiter à son tour.

Cette perspective, qui n'est pas celle d'un historien de la philosophie et encore moins celle d'un traducteur de philosophie grecque, s'explique à la fois par la méthode que Cicéron a héritée de la Nouvelle Académie et par les modalités suivant lesquelles la culture grecque a été reçue à Rome, auxquelles Cicéron donne une portée philosophique significative. C'est par ce second point que je commencerai, pour mieux éclairer le premier.

> « *Et si ma tâche n'est pas celle du traducteur mais que, tout en respectant les propos tenus par ceux que je soumets à l'examen* (probare)*, je joins mon propre jugement et mon propre plan, pourquoi préférerait-on les œuvres grecques à celles dont le style est brillant et qui ne sont pas des traductions du grec ?* »[3]

Quand Cicéron revendique pour ses écrits philosophiques bien autre chose que l'éclat du style et qu'il met en avant l'exercice de son jugement (*iudicium*) et

---

quelques travaux sur la botanique et des fragments (qui portent sur la rhétorique, la métaphysique, la politique).

3. Cicéron, *Des termes extrêmes des biens et des maux*, 1, 6

un ordre d'exposition qui lui est propre (*ordo scribendi*), il définit son travail par opposition à celui du traducteur, *interpres*. Or cette distinction a été si peu prise en compte qu'on a longtemps cherché d'hypothétiques textes grecs sous chaque page cicéronienne. Pourtant, il suffit de rappeler au préalable la parfaite inutilité des traductions du grec au latin pour un lectorat complètement bilingue et l'on comprendra alors les enjeux strictement philosophiques du projet de Cicéron ; on comprendra aussi que les relations qu'entretient un Romain avec ses « sources » grecques ne peuvent être définies sous l'espèce de la copie ni sous celle de la compilation.

« Traduire les Grecs ? »

Varron[4], le contemporain de Cicéron qui fut un exceptionnel historien des institutions et de la langue, se refuse à écrire la philosophie en latin puisque ceux qui s'y intéressent la lisent en grec et que ceux qui n'ont pas de culture grecque ne peuvent comprendre la philosophie : c'est du moins ainsi que Cicéron fait parler Varron dans ses *Académiques* (1, 4) pour mieux souligner la nouveauté de sa propre entreprise, qui tend à donner à ses contemporains les outils linguistiques pour penser selon les catégories romaines la morale, la *res publica* et le monde. Toutefois, la

---

4. Varron (116-27 av. J.-C.), formé à la philosophie par Antiochus, fut le premier « érudit » de Rome : il a écrit sur l'histoire romaine, la littérature, le droit, la philosophie, la langue latine, l'agriculture. Outre des fragments de *Satires Ménippées*, il ne reste que le dialogue *Sur l'agriculture* et quelques parties de son traité sur *La langue latine* mais nous connaissons la construction et une part significative de ses *Antiquités humaines et divines* grâce à *La Cité de Dieu* d'Augustin.

démarche de Cicéron doit s'apprécier dans le prolon-
gement de celle que Varron a engagée, lui qui a permis aux Romains, « errant comme des étrangers dans
(leur) ville, de reconnaître qui et où ils étaient »
(*Académiques seconds*, 1, 9): dans les deux cas, pour
Varron comme pour Cicéron, il s'agit de donner aux
Romains les moyens de réfléchir à ce qui les constitue
en propre mais pour Cicéron, il faut le faire à partir
de la langue même.

Ecrire la philosophie en latin exige bien moins la
création de mots nouveaux qu'une réflexion approfon-
die sur la langue latine et l'agencement de son lexique :
dans le va-et-vient de la traduction se précisent les liens
entre les mots et se fixe l'histoire de leurs usages. C'est
pourquoi Cicéron, parmi les nombreux verbes utili-
sables pour désigner le passage d'une langue à l'autre,
privilégie *transferre*, qui signifie à la fois le « transfert »
d'une langue à l'autre et le déplacement à l'issue
duquel se crée l'usage métaphorique d'un mot.

Ainsi, dans le « transfert » entre le système dans
lequel le concept ou l'expression grecque prenait son
sens et l'usage courant du latin se déploie une activité
que les Romains ne réduisent pas au sens moderne
que nous donnons à « traduction »: la langue philosophique latine se forge au cours d'une opération qu'il
faut appréhender sur deux plans et qui consiste à
transférer le grec dans un latin « décalé » par rapport
à la norme, langue dont l'emploi exige à lui seul une
réflexion critique sur les valeurs d'usage. C'est bien
l'étape méthodologique indispensable pour l'exercice
de la philosophie.

Mais l'opération de transfert ne se limite pas à la
langue puisque Cicéron invoque le précédent des fondateurs de la littérature latine, ces poètes et drama-

turges qui n'ont pas hésité à « transporter » (*transferre*)
des éléments empruntés à différentes œuvres
grecques pour composer les leurs :

> « *Quand je le jugerai bon, je* « *transporterai* » *cer-*
> *tains développements (*loci*), empruntés surtout à*
> *[Platon et Aristote] dans les cas où l'ajustement est per-*
> *tinent, comme ce fut pratique courante pour Ennius avec*
> *Homère, pour Afranius avec Ménandre* »[5].

Les exemples choisis suffisent à rappeler que le
« déplacement » n'est pas une traduction : Ennius a
écrit une épopée qui raconte l'histoire de Rome,
Afranius a écrit des pièces dont le sujet est romain.
L'un et l'autre, toutefois, ont su puiser ce qui, dans
chaque genre, pouvait constituer des « passages obli-
gés », ces « lieux » qui caractérisent une tradition
générique. Ainsi, en revendiquant la liberté de
« déplacer » les passages d'auteurs qui l'intéressent,
Cicéron dit clairement qu'il procède suivant une
démarche qui lui est propre, sans se sentir contraint
par un modèle, moins encore par une problématique
déjà constituée : on voit comment les modalités suivant lesquelles les Romains ont créé leur littérature
deviennent les principes généraux qui guident la création d'œuvres philosophiques en latin. Cicéron donne

---

5. *Des termes extrêmes des biens et des maux*, 1, 7. - Ennius (239-
169 av. J.-C.), outre des tragédies et des satires aujourd'hui per-
dues, écrivit les *Annales*, première épopée où le vers utilisé par
Homère (l'hexamètre dactylique) est employé à Rome. Afranius
(seconde moitié du second siècle av. J.-C.) écrivit de nombreuses
comédies dont il ne reste que quelques fragments. Ménandre
(env. 344-292 av. J.-C.) composa une centaine de comédies : outre
les fragments transmis dans des citations, sept d'entre elles sont
en grande partie préservées dans des papyrus.

ainsi un enracinement romain à la méthode philosophique qu'il a choisie.

Il ne s'agit pas, toutefois, de justifier par ce biais ce
qu'on qualifie péjorativement d'éclectisme : choisir
librement les matériaux qu'on va soumettre à l'examen pour élaborer une réflexion, ce n'est pas faire un
usage superficiel des ressources de l'histoire de la philosophie mais c'est affirmer, au contraire, que chaque
moment de cette histoire collective de la pensée, loin
d'être emporté et annulé par celui qui le suit, peut
fournir des matériaux. Une telle affirmation présente
un double intérêt : elle reflète les conditions particulières dans lesquelles la «bibliothèque philosophique»
des Grecs est parvenue à Rome, et surtout, elle rend
possible et légitime le mouvement de «retour à Platon»
que Cicéron veut entreprendre. J'aborderai ces deux
points successivement.

Quelle philosophie grecque à Rome ?

Ce qu'on appelle commodément « philosophie hellénistique » et qui englobe les courants nés après
Alexandre le Grand, épicurisme, stoïcisme, pyrrhonisme et nouvelle Académie, ne représente pas exactement à Rome une « période » de l'histoire de la
philosophie qui succèderait à celle des « classiques »,
Platon et Aristote.

Depuis la célèbre ambassade[6] de -155 où trois philosophes, le stoïcien Diogène de Babylone, le péripa-

---

6. Athènes avait été condamnée à payer une amende très
lourde pour avoir attaqué la ville d'Oropos. Nos sources antiques,
à partir de Cicéron, datent de cette ambassade la diffusion de la
philosophie à Rome (voir Aulu Gelle, *Nuits Attiques*, VI, 14 et
Plutarque, *Vie de Caton l'Ancien*, 22).

téticien Critolaos et le néo-académicien Carnéade, vinrent à Rome pour représenter auprès du Sénat romain les intérêts d'Athènes et donnèrent des conférences, la diffusion des doctrines philosophiques a suivi à Rome des étapes qui ne correspondent pas rigoureusement à la périodisation moderne et qui ne reflètent pas non plus l'état des Ecoles à Athènes au moment où Cicéron, en 79, y séjourne pour compléter sa formation.

Le propre parcours de Cicéron est très éclairant: il a d'abord écouté avec beaucoup d'intérêt les leçons de l'épicurien Phèdre[7] puis celles de Philon de Larissa, le dernier scholarque de l'Académie venu à Rome pour échapper à l'emprise de Mithridate sur Athènes. Il doit sa connaissance du stoïcisme à sa fréquentation de Diodote[8], qui séjourna trente ans chez lui et lui enseigna la dialectique. C'est lors de son voyage en Asie mineure et en Grèce qu'il eut l'occasion d'écouter, à Rhodes, le stoïcien Posidonius et, à Athènes, l'académicien Antiochus d'Ascalon et l'épicurien Zénon de Sidon[9]. La connaissance de la doctrine d'Aristote, en revanche, ne vient pas d'un enseignement ni même des œuvres que nous lisons aujourd'hui: Cicéron l'a reçue par la médiation d'Antiochus d'Ascalon et par

7. Phèdre (env. 140-70 av. J.-C.) dirigea l'Ecole épicurienne à Rome.

8. Ce stoïcien ne nous est connu que par le témoignage de Cicéron qui mentionne son enseignement de la géométrie et de la dialectique, telle que le second fondateur du stoïcisme, Chrysippe, l'avait développée.

9. Zénon (150 av. J.C-?) fut le maître de Philodème de Gadara qui a conservé dans ses écrits quelques-uns de ses débats contre les stoïciens (*Sur l'inférence par signes*) et contre des épicuriens hétérodoxes.

la lecture de dialogues aujourd'hui disparus. Il faut
donc prendre en compte ces modalités particulières de
l'apprentissage philosophique à Rome pour apprécier
la réflexion de Cicéron sur l'histoire de la philosophie.

Mais surtout, l'enseignement de la philosophie
présente deux caractéristiques remarquables : d'une
part, il est structuré par la polémique contre les adversaires, qu'ils soient des Anciens ou des philosophes
contemporains ; d'autre part, parce que les Ecoles
sont souvent déracinées ou privées de scholarques, les
occasions ne manquent pas de développer des interprétations de la doctrine jugées hétérodoxes, comme
ce fut le cas pour l'école épicurienne et pour la tradition académicienne. Or ces déviations doctrinales sus-
citent des prises de position marquées et souvent
conflictuelles sur l'histoire de la philosophie.

Dans ces conditions, la formation philosophique
de Cicéron, tout comme celle de ses contemporains,
ne saurait être réduite à l'apprentissage sommaire de
quelques doctrines figées et la diversité des leçons
entendues ne lui a pas fourni seulement un bagage
« doxographique » lui permettant de savoir qui pense
quoi sur tel ou tel sujet : ce sont surtout des problématiques et des débats contradictoires propres à
nourrir une réflexion dialectique et critique qu'il a
entendus, comme le rappelle cet interlocuteur du dialogue sur *La Nature des dieux* auquel Cicéron prête sa
propre biographie intellectuelle :

> « *Quand j'étais à Athènes, j'allais souvent écouter
> Zénon, que notre ami Philon appelait le coryphée des
> épicuriens ; c'était d'ailleurs Philon qui m'engageait à le
> faire, à mon avis pour que je puisse mieux apprécier la
> valeur de ses réfutations, après avoir entendu le chef de
> l'Ecole exposer les thèses épicuriennes.* » (1, 59).

Les champs de l'enquête philosophique sont ainsi délimités par quelques discussions entre adversaires à partir desquelles se fixent les doctrines et sont réinterprétées les traditions : toute la réflexion épistémologique est dominée par le conflit qui opposa les académiciens et les stoïciens sur le critère permettant de garantir la fiabilité des représentations ; les questions de physique et de théologie, qui mettent aux prises stoïciens et épicuriens sur la causalité, le destin et la providence, prennent appui sur l'enseignement développé par Platon dans le *Timée* mais aussi sur les critiques qu'en fit Aristote. Enfin la formulation des questions d'éthique est fortement déterminée par les différentes figures du sage que proposent épicuriens et stoïciens, nouvelles variations de l'injonction qu'avait formulée Platon, « se rendre semblable au dieu ».

Tous ces débats ont pour substrat des conceptions de l'histoire de la philosophie, rarement explicitées, qui ont cependant des conséquences décisives sur la structuration même des questions traitées : en effet, admettre ou refuser telle filiation philosophique, assimiler ou au contraire opposer telle formulation du débat à une autre fournie par un Ancien, ce sont là autant de pratiques polémiques de l'histoire de la philosophie qui ont fourni le cadre dans lequel Cicéron a appris la philosophie. Aussi, lorsqu'il s'est trouvé confronté aux interprétations divergentes que Philon et Antiochus ont respectivement données de la tradition platonicienne, Cicéron a-t-il nettement dégagé l'enjeu essentiel que constitue une mise en ordre de l'histoire de la philosophie pour qui veut définir et pérenniser une tradition.

Pour Philon comme pour Antiochus, fixer l'histoire du platonisme consiste à situer le rôle et la place de

cette école de pensée par rapport aux autres doctrines : mais le premier, Philon, enracine la tradition
dans la méthode du doute pratiquée par Socrate et
renouvelée par Arcésilas et Carnéade, tandis que le
second, Antiochus, fait dépendre toute la philosophie,
jusqu'aux Stoïciens inclus, des exposés doctrinaux de
Platon. Or Cicéron n'a pas choisi une perspective historique contre une autre, celle de Philon contre celle
d'Antiochus. Conscient des visées polémiques de ces
constructions, il les a décrites et les a mises à
l'épreuve par le dialogue dans ses *Académiques*[10].

Le « retour à Platon » n'est donc pas pour Cicéron
une inversion du cours de l'histoire ou un assujettis-
sement à une « allégeance » philosophique : c'est bien
plutôt l'occasion de réfléchir à ce qu'est un héritage
philosophique et de constater que la diversité même
des interprétations engage à relire librement Platon.

Il se présente comme l'« avocat d'une cause déser-
tée et abandonnée » et non comme le fidèle continua-
teur d'un maître disparu : c'est dire que sa propre
interprétation est novatrice et motivée par la nécessité
de faire resurgir une pratique de la philosophie que
l'épicurisme et le stoïcisme ignorent. Il a ainsi privilégié deux traits distinctifs pour présenter son interpré-

10. Ce dialogue constitue le témoignage le plus détaillé qui
subsiste sur les conflits qui ont opposé le dernier scholarque de
l'Académie, Philon, à son disciple dissident, Antiochus ; cependant ce qu'il en reste ne donne qu'une partie des arguments déve-
loppés. Sous le titre *Académiques* nous lisons en effet les restes de
deux versions : un livre de la première version (qui en comportait
deux), le *Lucullus*, ou *Académiques premiers*, et un livre de la
seconde version qui en comportait quatre, *Académiques seconds*.
Dans ces deux livres, c'est la position d'Antiochus qui est longuement exposée et partiellement réfutée.

tation de la tradition platonicienne : une méthode critique qui exige l'examen de toutes les doctrines, une confrontation de points de vue au sein d'un dialogue.

Penser dans sa langue : le concept de *probabile*

La cohérence globale de cette interprétation de la tradition platonicienne vient du concept de *probabile* que Cicéron a élaboré, en tirant un remarquable parti des potentialités offertes par le système lexical latin, pour définir les conditions de la connaissance et de l'action. Il s'agit bien là d'une élaboration propre à Cicéron à partir de la langue latine et non de la transcription de l'enseignement de Philon de Larissa que l'on s'ingénie à retrouver derrière les textes de Cicéron[11] : comme on va le voir ici, aucun terme grec n'est susceptible de rendre les emplois cicéroniens de *probabile*.

C'est pourtant dans le cadre d'un débat hérité des Grecs que le terme est employé : dans les *Académiques*[12], Cicéron rappelle le débat qui oppose Carnéade aux stoïciens sur la possibilité de connaître et plus précisément la stratégie utilisée pour faire admettre aux stoïciens qu'on peut vivre et agir sans disposer d'un critère infaillible qui serait dans ce qu'ils appellent une « représentation compréhensive », représentation qui comporte en elle la marque du vrai et se distingue

11. Le peu que nous savons de l'enseignement de Philon nous vient presque exclusivement de Cicéron qui ne lui attribue jamais la paternité du *probabile* comme le font les historiens modernes de la philosophie : voir les témoignages rassemblés par C. Brittain, *Philo of Larissa. The Last of the Academic Sceptics*, Oxford, 2001, pp. 345-370.

12. Voir en particulier 2, 32-39 et 2, 98-110.

ainsi d'une représentation fausse. Après avoir montré qu'il n'existe pas de représentation telle qu'elle diffère d'une fausse et puisse en être distinguée, l'académicien propose de se fier à ce qui est « persuasif », *pithanon* en grec et que Cicéron rend par *probabile*. A première vue, il s'agit donc de la « traduction » de l'adjectif grec *pithanon*, terme qu'attestent les sources grecques, et principalement Sextus Empiricus[13], qui rapportent les arguments de Carnéade, puisque ce dernier n'a rien écrit lui-même. L'équivalence entre *pithanon* et *probabile* a déjà été utilisée dans les traités de rhétorique par Cicéron lui-même et par ses contemporains, comme l'auteur anonyme de la *Rhétorique à Herennius*[14] : aussi pourrait-on considérer que l'adjectif *pithanon*, fortement marqué en grec par ses emplois rhétoriques, est ainsi correctement rendu par Cicéron.

Reste la question du sens : non seulement le latin fait disparaître l'élément sémantique essentiel, la persuasion, au profit des valeurs de la preuve et de l'approbation contenues dans le verbe *probare*, mais le sens actif du grec *pithanon* (qui persuade) est occulté dans l'adjectif *probabile*, dont tous les emplois attestés sont passifs (« qui peut être prouvé/approuvé »). Ainsi, dans le transfert d'une langue à l'autre, le point de vue change radicalement : ce qu'une représentation

---

13. Ce philosophe sceptique du second siècle après J.-C. rapporte au livre VII de son livre *Contre les professeurs* une grande partie des débats qui a opposé les académiciens aux stoïciens sur la possibilité de la connaissance.

14. Ce traité de rhétorique en quatre livres, longtemps attribué à Cicéron, a été écrit en 86 av. J.-C., l'année où Cicéron écrivit son *De l'invention* : ces deux œuvres sont les premiers textes écrits en latin sur la rhétorique.

ou un argument peuvent comporter de « persuasion »
n'est pas apprécié en termes d'efficacité psychologique sur l'auditoire (*pithanon*) mais en rapport avec
sa disposition à recevoir l'approbation de celui-ci (*probabile*). En d'autres termes, le sujet ne reçoit plus passivement ce qui le persuade, c'est lui qui juge si une
chose mérite son approbation.

Or, loin de tenter de corriger l'inadéquation entre
le grec et le latin, comme le fera plus tard Quintilien
en utilisant *persuasibile* (persuasif), Cicéron tire toutes
les conséquences de ce changement de point de vue :
lorsque Carnéade, pour réfuter la doctrine stoïcienne
de la connaissance, dit qu'il lui suffit pour guider sa
vie de représentations « persuasives », il se place du
point de vue de ses adversaires stoïciens qui assignent
aux représentations elles-mêmes la capacité de susciter l'action. Sa tactique consiste à réduire à du « persuasif » ce que les stoïciens désignent comme vrai et
comportant la marque du vrai, la « représentation
compréhensive ». Mais Cicéron n'en reste pas à la
position adoptée par Carnéade parce qu'il ne dit
jamais, contrairement à son habitude, qu'il traduit là
un terme grec : il refuse donc de laisser passer le sens
grec sous le mot latin, de faire entendre du « persuasif » ou du « convaincant » dans ses emplois du terme
probabile.

Il maintient ainsi toutes les potentialités attestées
par les usages latins du verbe *probare* : « ce qui peut
être approuvé » est sinon « potentiellement prouvé »,
du moins « mis à l'épreuve et testé », comme le font
officiellement les censeurs qui donnent leur « approbation » à la construction achevée des édifices publics.
A une extrémité du spectre des emplois, l'approbation
est laudative et *probabile* signifie digne d'éloges ; à

l'autre extrémité, dans le contexte de la technique rhétorique, c'est le rapport à la vraisemblance qui prévaut, entendue comme ce qui se produit habituellement et qui, pour cela, est conforme à l'opinion courante.

Tous ces usages dépassent largement le cadre de la discussion menée contre les stoïciens sur la représentation : en choisissant pourtant d'utiliser *probabile* dans ce contexte précis, Cicéron montre qu'il ne se limite pas à la valeur strictement polémique de l'emploi de *pithanon* par Carnéade et qu'il donne d'emblée une plus grande portée éthique au débat puisqu'il privilégie le rôle actif du sujet. Celui qui donne son approbation ne s'en remet pas passivement à la force de persuasion des représentations, dont Cicéron reconnaît, avec tous les académiciens, qu'elles ne peuvent offrir un critère fiable ; il engage son jugement, tout en sachant qu'il ne peut prétendre accéder à la vérité et il prend des décisions, comme un juge ou un magistrat doit le faire malgré les limites de ses compétences humaines :

> « *Entre nous et ceux qui pensent qu'ils savent il n'y a pas d'autre différence que celle-ci : ils ne doutent pas que ce qu'ils défendent est vrai tandis que nous, nous considérons beaucoup de choses comme* « susceptibles de recevoir notre approbation » *(*probabilia*) ; il est facile de les suivre mais nous pouvons difficilement les affirmer. Et nous sommes d'autant plus libres et sans entraves que notre faculté de juger reste intacte et qu'aucune nécessité ne nous contraint à défendre ce qui a été écrit au préalable, comme si c'était un ordre dicté.* »[15]

---

15. Cicéron, *Premiers académiques*, 2, 8.

Le « probabilisme » de Cicéron n'est donc pas un affaiblissement de la position des maîtres de la nouvelle Académie ni l'héritage de l'enseignement de Philon de Larissa parce que *probabile* permet de dire tout autre chose que *pithanon*. Grâce aux emplois courants de *probabile*, Cicéron peut tirer toutes les conséquences de l'épistémologie académicienne : on ne peut rien connaître parce qu'aucune impression reçue n'est fiable et ne comporte en elle un critère de vérité mais il faut pourtant agir et pour cela se fonder sur les seules forces de son jugement. Du sujet recevant passivement ce qui est *pithanon* au sujet engageant activement son approbation avec *probabile*, le « transfert » d'une langue à l'autre crée un concept englobant qui articule rigoureusement les conditions de l'éthique aux limites de la connaissance humaine.

C'est pour conserver au *probabile* sa spécificité conceptuelle que j'éviterai ici les traductions françaises qui, sous le latin, traduisent le grec, comme « convaincant », ou celles qui proposent des équivalents, comme « plausible » ou « probable » dont la valeur ancienne de « qui mérite l'approbation » s'est perdue en français au profit d'une référence à la probabilité très faiblement marquée dans les emplois latins.

La fécondité du concept, dont on verra dans les chapitres suivants les implications politiques et éthiques, peut être appréciée d'abord dans la pratique de la discussion philosophique, telle que Cicéron a choisi de la mettre en scène en privilégiant le dialogue.

La re-création du dialogue à Rome

En reprenant la forme choisie par Platon, Cicéron ne cherche pas à imiter et si ses trois premiers dialogues[16] font référence à la scénographie platonicienne, c'est surtout pour mettre en évidence les modifications profondes que le débat construit par Cicéron fait subir à la pensée de Platon. Il ne feint pas non plus de transposer les conditions du dialogue platonicien parce qu'à Rome on ne trouve ni Socrate ni véritable situation d'enseignement. Mais on n'en conclura pas qu'on a affaire à une version dégradée du modèle platonicien, qui s'expliquerait par l'influence des dialogues « à la manière d'Aristote », dont nous ne savons presque rien : on s'interrogera plutôt sur l'insistance avec laquelle Cicéron enracine explicitement ses propres dialogues dans une tradition platonicienne aux multiples formes.

Ainsi il souhaite faire revivre, dans les *Tusculanes*, la « vieille méthode socratique », *uetus ratio socratica*, qui consiste à réfuter la thèse proposée par l'auditeur (*dicere contra*) mais surtout il veut renouer avec la pratique qu'aurait utilisée Carnéade lors de l'ambassade, en développant une thèse et la thèse opposée – *in utramque partem dicere* – : c'est le cas des *Académiques*, des dialogues *Des termes extrêmes*, *La Nature des dieux*, *La Divination*. Sans prétendre à une impossible maïeutique, puisqu'il n'est pas Socrate, sans croire non plus que le dialogue soit une forme d'apprentissage de la

---

16. Le dialogue *De l'orateur* se déroule sous un platane comparé à celui du *Phèdre* ; les dialogues sur la république et sur les lois sont présentés comme formant un tout, exactement comme les deux dialogues platoniciens que nous connaissons sous les mêmes titres (*Leg. 1, 15*).

dialectique au sens où Platon la concevait, Cicéron n'en assigne pas moins des tâches précises aux entretiens dialogués.

La première est de « permettre à chacun de donner son approbation (*probare*) aux idées qui lui paraissent les mieux fondées à recevoir cette approbation », ce que Cicéron désigne par *probabile* : c'est la raison pour laquelle l'exposé continu est souvent jugé préférable, en ce qu'il facilite le travail du jugement[17].

Le dialogue ainsi conçu est l'outil de recherche le plus approprié pour atteindre ce qui est accessible à l'homme, malgré et dans ses limites :

> *« Ceux qui comme moi suivent l'Académie mettent tous les sujets en discussion, considérant que le probabile ne peut apparaître à la lumière sans la confrontation de thèses opposées »*[18].

La discussion dialoguée admet donc les formes réglées de la réfutation pour faire obstacle à l'arrogance de ceux qui affirment ce qu'ils ne savent pas ; mais les réfutations successives ne conduisent pas à l'aporie puisque le but assigné au dialogue est de conduire au *probabile*.

Cette orientation positive du dialogue cicéronien s'explique par ses enjeux politiques et éthiques : les Romains qui dialoguent s'interrogent pour prendre des décisions et le *probabile* permet précisément de le faire alors même que la « mise à l'épreuve » des doctrines n'a pas apporté la pleine lumière sur le sujet abordé :

17. Cicéron, *Traité du destin*, 1.
18. Cicéron, *Les Devoirs*, 2, 8.

> « *Nous ne sommes pas de ceux qui soutiennent que rien n'est vrai mais nous disons que toutes les vérités sont mêlées d'erreur et que la ressemblance entre elles est si grande que nul critère ne permet de juger ni de donner son assentiment. Il en résulte aussi que beaucoup de choses peuvent recevoir l'approbation* (probabilia) : *sans être perçues ou appréhendées avec certitude, elles offrent cependant une représentation qui se caractérise par sa clarté et permettent de guider la conduite du sage.* »[19]

Le dialogue ainsi orienté a une délimitation épisté-mologique précise : il s'agit d'examiner, longuement et de manière exhaustive, des doctrines qui présentent un caractère systématique, ce qui est le trait dominant des philosophies hellénistiques, pour statuer, au mieux, sur le *probabile*.

> « *Il faut nécessairement comprendre tous les systèmes quand on décide de parler pour et contre tous les philo-sophes afin de découvrir la vérité* »[20]

La méthode « platonicienne » telle que Cicéron entend la pratiquer exige une enquête exhaustive et systématique : l'histoire de la philosophie est pour cela un outil fondamental. Mais l'exploration de toutes les doctrines philosophiques remplit deux autres fonc-tions tout aussi indispensables pour la mise en place de la méthode philosophique : d'une part la diversité des opinions présentées par les philosophes doit faire prendre conscience des limites auxquelles se heurtent les prétentions à un savoir qui se voudrait total, défi-nitif et annulant tous les autres, d'autre part l'intérêt

---

19. Cicéron, *La Nature des dieux*, 1, 12.
20. *La Nature des dieux*, 1, 11.

que suscite la plupart des hypothèses proposées par les différentes écoles philosophiques interdit l'obédience aveugle à un dogme, quel qu'il soit.

Ainsi, exploiter l'histoire de la philosophie permet de fonder, contre la tentation des systèmes dogmatiques dominants, une méthode critique orientée positivement : au lieu de s'en tenir à un relativisme étroit, justifié par la succession discordante des doctrines, Cicéron tire précisément de ces discordances la nécessité de reprendre à nouveaux frais l'enquête philosophique.

C'est pourquoi la « mise en dialogue », en ce qu'elle permet d'exposer et de contester les thèses des philosophes, facilite sur un plan formel l'usage critique de l'histoire de la philosophie, condition nécessaire à la liberté de la réflexion.

L'enjeu philosophique du dialogue est particulièrement marqué à Rome parce que Cicéron innove en l'utilisant : les écrits philosophiques antérieurs ou contemporains ont la forme du traité[21] ou du poème didactique, comme celui de Lucrèce, mais sont dans les deux cas dirigés par un auteur omniscient. Or, grâce au dialogue, s'ouvre un espace d'échanges et de débats qui n'avait pas été jusque là exploré : Cicéron est le premier à Rome à donner une dimension collective à l'enquête philosophique parce qu'il veut préserver les conditions du débat contradictoire au moment même où la dictature de César menace la collégialité des décisions, jusque là garantie par les institutions républicaines.

---

21. Le premier traité écrit en langue latine est sans doute celui que Caton l'Ancien (234-149 av. J.-C.) a écrit sur l'agriculture et l'économie des propriétés agricoles.

Dans un tel contexte, l'interprétation résolument politique que donne Cicéron à l'œuvre de Platon trouve son expression dans la forme même du dialogue, qui met en scène des citoyens, pour la plupart hauts magistrats de Rome, assumant les conséquences politiques de leurs choix philosophiques.

Le concept forgé par Cicéron pour nommer le but visé par l'enquête philosophique, *probabile*, concentre donc en lui plusieurs niveaux de l'activité du jugement et de la prise de décision, celles qui sont à l'œuvre au forum, dans l'analyse juridique et l'approbation officielle du censeur : le concept permet de rappeler à la fois les limites humaines de la recherche et la possibilité, au sein de ces limites, de construire une réflexion qui prenne appui sur des éléments passés au crible du jugement exercé collectivement, dans un espace civique précis. On mesure ainsi en quoi le dialogue cicéronien façonne une nouvelle forme d'échanges philosophiques, désormais conduits par des interlocuteurs dont les compétences rhétoriques et les hautes qualifications politiques illustrent clairement les positions de Cicéron sur la philosophie : elle ne peut rester aux mains de spécialistes jargonnants vieillis à l'ombre des Ecoles, sa place est au cœur du forum.

Une telle conception de la philosophie suppose qu'au préalable l'espace public et politique que représente le forum a été investi de valeurs qu'on répugne à lui attribuer en ces temps troublés de la fin de la République romaine : liberté et rigueur critique, maîtrise des formes de la polémique, ample culture.

Si les faits ont donné tort à Cicéron, on ne peut toutefois sous-estimer l'intérêt d'une démarche qui tente d'imposer une pratique de la philosophie qui ne soit pas confinée aux discussions érudites dans l'espace privé de l'*otium*: fustigeant les épicuriens pour leur refus de participer à la vie politique et pour leur mépris à l'égard des formes traditionnelles de la culture, critiquant les stoïciens pour l'obscurité de leur langue, l'inefficacité de leur argumentation et l'inconvenance de leurs énoncés paradoxaux, Cicéron veut donner l'exemple, avec ses dialogues, d'une littérature philosophique latine qui soit lisible et profitable même à ceux qui ne partagent pas ses idées. C'est pourquoi tous ceux qui, dans ses dialogues, présentent les doctrines épicuriennes et stoïciennes, sont, contrairement à leurs maîtres grecs, engagés dans la vie publique et dotés de compétences rhétoriques explicitement louées. La fiction du dialogue permet ainsi d'esquisser ce que doit être la philosophie à Rome, quelle que soit la doctrine qu'on privilégie.

Le modèle invoqué est Platon, et ceux qui, comme Aristote, ont su mettre au service de la philosophie les techniques de l'éloquence:

> « *Platon, les autres Socratiques et tous les philosophes qui sont de cette lignée sont lus par tous, même par ceux qui n'approuvent pas leurs idées ou y adhèrent avec réserve; Epicure et Métrodore*[22], *en revanche, personne ne les a en mains sauf leurs adeptes. Il en est de même pour ces livres latins que seuls lisent ceux qui pensent qu'ils expriment des idées correctes. Pour ma part, je pense que quel que soit le sujet qu'on traite par écrit, il doit être digne d'être lu par tous les hommes cultivés (...)*

22. Métrodore de Lampsaque (331-278 av. J.-C.), fut associé à Epicure dès le début de l'école épicurienne. Il ne reste que quelques fragments de ses œuvres.

> *C'est pourquoi j'ai toujours aimé la pratique des péripatéticiens et des académiciens qui consiste à exposer sur tous les sujets les deux thèses opposées[23] : et ce n'est pas seulement parce qu'on ne peut découvrir autrement ce qui est vraisemblable mais aussi parce que c'est un exercice oratoire très efficace.* »[24]

Décrire comme les deux facettes d'une même pratique une méthode philosophique et une technique d'apprentissage rhétorique et expliquer de cette façon la lisibilité et la diffusion des œuvres de Platon et d'Aristote pourra sembler irrecevable à plus d'un lecteur moderne : on verra dans le prochain chapitre quel programme philosophique recèle cette dérangeante construction mais on constate aisément sa portée polémique. Bien écrire pour être lu par tous et le faire en rendant compte des doctrines qu'on n'approuve pas soi-même c'est donner à Rome une forme nouvelle à la philosophie qui puise chez les Anciens, et chez Platon surtout, de quoi contrer les pratiques des Modernes.

Lectures et adaptations de Platon

> « – *Rien n'est plus différent de Platon que ce que tu viens de dire, et plus précisément cet exorde consacré aux dieux. A mes yeux, tu l'imites seulement sur un aspect, le style.*
> – *Il se peut que je le veuille : mais qui peut ou pourra jamais imiter ce style ? Il est très facile de traduire les pensées et c'est ce que je ferais si je ne voulais être tout à fait moi-même.* »[25]

---

23. Cette pratique, qui remonterait à Protagoras selon Aristote (*Rhétorique* II, 1402 a 24), est toujours rapportée par Cicéron au Lycée et à l'Académie.
24. Cicéron, *Tusculanes*, 2, 8-9.
25. Cicéron, *Traité des lois*, 2, 17.

La manière dont Cicéron a lu Platon fut nécessairement influencée par les deux maîtres qui l'ont successivement formé, Philon de Larissa puis Antiochus d'Ascalon : mais il ne reste rien de leurs écrits et leurs enseignements nous sont surtout connus par Cicéron lui-même qui a mis en scène leurs divergences fondamentales sur l'épistémologie sans préciser sur quels textes de Platon l'un et l'autre se fondaient. Tandis qu'Antiochus est prêt à admettre la définition stoïcienne de la « représentation compréhensive », condition préalable nécessaire à la constitution d'un savoir, Philon soutient au contraire que la définition stoïcienne rend impossible la connaissance.

Sur un plan qui reste général, c'est le rapport entre l'enseignement de Socrate et la démarche propre à Platon qui semble l'objet de débats : Antiochus, dont les idées sont présentées par Varron dans les *Académiques*, paraît avoir radicalement distingué, d'un côté, la philosophie exclusivement morale de Socrate et sa profession d'ignorance et, de l'autre, l'extension donnée par Platon au champ couvert par la philosophie qui incita ses successeurs à le lire dogmatiquement (*Ac.*, 1, 16-18). Au contraire, pour la Nouvelle Académie, c'est-à-dire à partir d'Arcésilas et jusqu'à Philon inclus, les écrits de Platon sont situés dans la tradition socratique puisqu'ils n'affirment rien et déploient successivement une thèse et son contraire (*Ac.* 1, 46).

Il n'est pas sûr que ces deux grilles de lecture soient pour Cicéron les deux termes d'une alternative : s'il est toujours resté attaché à la méthode socratique, il n'a pas tranché sur les limites qu'il convient ou non de fixer à la philosophie et son œuvre est tendue entre, d'un côté, le constat que l'homme peut, au mieux, statuer sur quelques règles éthiques et, de l'autre, l'aspiration à situer l'action de l'homme et l'histoire de la cité par rapport à des principes transcendants, comme la loi divine ou la vertu parfaite. Cette tension est particulièrement sensible à travers les emprunts ponctuels qu'il fait à Platon.

Parmi les œuvres citées ou utilisées, *l'Apologie*, *Gorgias*, *Phèdre*, *Phédon*, *Criton*, *Ménon*, *Ménéxène*, *Protagoras*, la *République*, les *Lois* et le *Timée* [26], certaines ont fourni la matière de citations qui révèlent plusieurs niveaux de lecture : c'est le cas de la démonstration qui tend à prouver que l'âme est immortelle par l'argument qu'elle se meut d'elle-même, présentée par Socrate dans le *Phèdre* (245c-246a).

Cicéron fait usage de cette démonstration dans deux contextes distincts : dans le « songe de Scipion », rapporté au livre 6 de la *République,* la démonstration est donnée par Scipion l'Africain, apparu en songe à son petit-fils, tandis que dans le premier livre des *Tusculanes*[27], elle est explicitement rapportée à Socrate. Or Cicéron, qui rappelle à cette occasion qu'il a déjà utilisé cette démonstration dans la *République*, incite ce faisant à réfléchir sur son usage de Platon : ce qui, dans la *République*, a le statut ambigu d'une révélation faite en songe par un ancêtre

26. Cette liste ne comporte que les œuvres mentionnées ou utilisées ; il n'est évidemment pas exclu que Cicéron en ait lu d'autres. Il est impossible de savoir si cette liste est déterminée par les conditions de circulation des œuvres à l'époque de Cicéron, ou par des choix personnels, ou par ceux des maîtres académiciens qu'il a écoutés.

27. Dans le dernier livre de *La République*, l'ancêtre révèle le sort réservé à ceux qui ont dirigé l'état avec sagesse et dévouement : un séjour éternel sur la Voie Lactée.

prestigieux, est présenté, dans les *Tusculanes*, comme l'une des preuves parmi d'autres de l'immortalité de l'âme, au cours d'un exposé où sont envisagées successivement l'immortalité puis la mortalité de l'âme. Platon peut ainsi fournir des arguments, comme d'autres philosophes, pour un exposé que Cicéron agence suivant un plan propre mais le texte platonicien n'est pas réduit pour autant à un arsenal de preuves, jugées meilleures que d'autres : Cicéron n'a pas cherché dans Platon les éléments d'une doctrine, il a conservé à la démonstration issue du second discours de Socrate ses ambivalences propres en ne lui donnant pas, dans les deux emplois qu'il en fait, un statut identique. C'est dire, à partir d'un exemple parmi d'autres, combien il est soucieux de ne pas transformer en dogme ce qui, dans l'œuvre même de Platon, est une réflexion en mouvement ; c'est dire surtout combien ses lectures de Platon sont fidèles à l'esprit de dialogues qui maintiennent jusqu'au bout un questionnement ouvert.

> « *L'autorité de ceux qui se posent en maîtres nuit bien souvent à ceux qui veulent apprendre : ils cessent en effet de juger par eux-mêmes, ils tiennent pour acquis ce qu'ils voient décidé par celui à qui ils font confiance.*
>
> *A vrai dire, je n'approuve pas la pratique des pythagoriciens qui, dit-on, quand ils affirmaient quelque chose dans une discussion et qu'on leur demandait pourquoi, répondaient : "Le maître l'a dit." Le maître, c'était Pythagore : si grand était le pouvoir d'une opinion toute faite que l'autorité prévalait, même sans le soutien de la raison.* »[28]

---

28. Cicéron, *La Nature des dieux*, 1, 10.

Parce qu'il a appris de Platon la liberté de chemi-
ner en s'aidant de matériaux très divers, Cicéron
n'utilise jamais Platon comme une autorité; en
revanche lorsqu'il agence ses dialogues pour favoriser
la confrontation entre des représentants d'écoles philosophiques contemporaines, il laisse transparaître,
sous les formulations contemporaines des débats, la
richesse et la cohérence des problématiques emprun-
tées à Platon, qu'il s'agisse de l'homme dans la cité ou
de l'homme dans le monde, comme on le verra dans
les chapitres suivants.

L'omniprésence « souterraine » de Platon est en
tout cas ce qui confère son unité à l'œuvre de Cicéron
depuis les trois dialogues politiques *De l'orateur*, *La
République* et le *Traité des lois*, rédigés entre 55 et 51,
jusqu'à l'ensemble composé dans les trois dernières
années de sa vie, entre 45 et 43, dont la succession
restitue clairement un parcours méthodique. Aussi le
lecteur est-il invité à ne pas séparer les débats sur
l'épistémologie, sur l'éthique et sur la physique des
questions politiques et cosmologiques mises en place
dans les premiers dialogues.

On ne lira donc pas la succession que forment *Les
Académiques*, le dialogue *Des termes extrêmes des biens
et des maux*, les *Tusculanes*, les dialogues sur *La
Nature des dieux*, *La Divination*, le *Traité du destin*
comme une somme close sur elle-même mais
comme une série d'enquêtes rendues nécessaires par
la première réflexion menée sur la meilleure forme
de gouvernement.

Le rôle fondamental joué par les dialogues sur *La
République* et *Les lois* dans le projet d'ensemble ne peut
être comparé, cependant, à celui que remplissent les
dialogues homonymes dans l'élaboration de la pensée

de Platon. Cicéron, en reprenant les titres des dialogues de Platon, reconnaît la primauté de ces sujets mais procède suivant une autre démarche. Il part en effet des données fournies par l'histoire romaine, non de la construction d'une cité idéale, et tente de cerner les normes de l'action pour des hommes définis surtout par leur enracinement dans l'histoire collective :

> « *Platon rechercha une cité dont la réalisation doit être souhaitée mais qu'on ne saurait espérer; il la fit aussi petite que possible, et non pas telle qu'elle aurait pu être, mais telle qu'on pût y distinguer nettement sa théorie politique. Moi au contraire, si toutefois je peux y parvenir, je m'appuierai sur les mêmes principes que ceux qu'il a formulés, à propos non pas d'une cité qui n'est qu'ombre projetée, mais d'un Etat très développé...* »[29].

C'est pourquoi Cicéron ne recourt pas à des principes transcendants qui, dans l'œuvre de Platon, sont souvent évoqués sous la forme du mythe : ainsi le « mythe d'Er[30] » par lequel Platon présente l'eschatologie qui parachève l'exposé de la *République* et fonde la réflexion sur la justice n'a pas d'équivalent dans le dialogue homonyme de Cicéron. Le « songe » est la médiation par laquelle l'ancêtre, conformément aux traditions romaines, transmet bien moins un savoir qu'une exhortation éthique à se dépasser par la contemplation.

La perspective générale selon laquelle Cicéron relit les mythes platoniciens se dessine très fermement dans le dialogue inachevé qui a pour titre *Timaeus* et

29. Cicéron, *La République*, 2, 52.
30. Au livre X de *La République*, Platon fait raconter par Er le Pamphylien, « ressuscité » après être passé pour mort, ce qu'il a vu quand son âme s'est échappée de son corps : son récit présente une cosmologie et une eschatologie.

que Cicéron a construit à partir d'une partie importante de l'exposé de cosmologie que fait Timée dans le dialogue de Platon[31]. D'après l'esquisse de mise en scène qui précède la traduction du texte platonicien par Cicéron, on comprend que l'exposé platonicien de cosmologie doit fournir la matière d'une discussion entre trois interlocuteurs dont aucun ne représente une interprétation strictement platonicienne : entre un néo-pythagoricien, un péripatéticien et Cicéron, qui se définit là comme celui qui parle « contre les physiciens, à la manière de Carnéade », les lectures du mythe du *Timée* seront nécessairement plurielles, contradictoires et non dogmatiques.

Cicéron ne prend donc pas appui sur quelques points qui, à défaut d'être certains, sont du moins logiquement requis, pour réfléchir aux rapports que l'homme entretient avec le monde et avec les dieux : refusant l'usage dogmatique que certains des successeurs de Platon ont pu faire du mythe, transformé en une cosmologie positive, il considère au contraire que l'impossibilité de connaître avec certitude entraîne pour conséquence de centrer la réflexion sur l'homme, sur ses capacités cognitives et leur rôle dans l'action, sur le façonnement de ses catégories de pensée et sur le lien de celles-ci avec les pratiques, les croyances et les institutions de la cité.

En cela, il restitue toute sa portée méthodologique à la précaution liminaire que prend Timée au début de son récit (29 c) :

---

31. De ce dialogue inachevé, et sans doute commencé parallèlement à la rédaction des dialogues consacrés à des questions de physique, il reste un début de mise en scène et la traduction d'une partie de l'exposé fait par Timée dans le dialogue de Platon (28a-47b).

> « *Si donc, Socrate, en bien des points, sur bien des*
> *questions touchant les dieux et la genèse de l'univers,*
> *nous ne venons point à bout de remettre des explications*
> *en tous points totalement d'accord avec elles-mêmes, ni*
> *poussées à la dernière exactitude, n'en sois pas étonné ;*
> *mais si cependant nous en apportons qui ne le cèdent en*
> vraisemblance *à aucune autre, il s'en faut contenter,*
> *nous souvenant que moi qui parle et vous qui êtes juges,*
> *nous sommes d'humaine nature, de sorte que si, en ces*
> *matières, on nous offre une* vraisemblable histoire, *il ne*
> *sied pas d'aller chercher plus loin.* »[32]

L'interprétation que donne Cicéron de cette précaution est explicitée par son choix de traduction : il
rend en effet *eikos logos*, explication vraisemblable et
eikos muthos, histoire vraisemblable, par *probabilia*, ce à
quoi on peut donner son approbation. Il transforme
ainsi ce qui chez Platon exprime un rapport à la vérité,
à travers le concept de vraisemblance, en une relation
cognitive qui engage davantage celui qui donne son
approbation que ce à quoi il donne son approbation.

On mesure l'enjeu de cette transformation dans la
dissymétrie que Cicéron introduit dans le texte platonicien ; le discours vraisemblable de Timée est en effet
rapporté, chez Platon, à la distinction ontologique
établie entre le monde éternel et sa copie, qui se
reflète sur le plan des discours (29 b-c) :

> « *Les propos qui expriment ce qui est immuable et*
> *stable et transparent pour l'intellect sont immuables et*
> *inébranlables ; (...) ceux qui expriment, au contraire, ce*
> *qui est fait à la ressemblance des objets précédents, mais*
> *qui n'est qu'une image, ceux-là seront vraisemblables à*
> *proportion de la vérité des premiers.* »

32. Platon, *Timée*, trad. L. Robin.

Dans la traduction de ce passage, Cicéron respecte la distinction entre le vrai *(ueritas)* et le vraisemblable *(uerisimile)* mais du même coup les *probabilia* auxquels se tient le discours de Timée ne sont pas situés par rapport à l'un des deux niveaux ontologiques. La liberté prise avec le texte platonicien laisse entrevoir l'espace où s'est élaboré le concept de *probabile* : le but auquel peut prétendre tout discours qui porte sur la copie est – au mieux – la vraisemblance tandis que le contenu est tout au plus *probabile*. Cette distinction est bien confirmée dans les emplois que Cicéron fait ailleurs de *ueri simile* : il s'agit du but visé, non du contenu du discours *(Tusculanes,* 1, 8 ; 2, 9 ; 4, 47 ; 5, 11). Ainsi la vraisemblance qui, chez Platon, englobe le discours et son objet est, pour Cicéron, ce vers quoi il faut tendre : le rapport à la vérité reste à l'horizon de la réflexion, il n'en est pas la condition.

Cicéron introduit donc un décalage qui place le discours que peut tenir l'homme dans un nouvel espace, entièrement délimité par son propre engagement épistémologique :

> « *Je ne parlerai pas comme si j'étais Apollon Pythien, dont les paroles sont assurées et définitives, mais comme un petit homme parmi d'autres qui cherche à trouver, en faisant des conjectures, ce à quoi il peut donner son approbation* (probabilia*.* »[33]

Cicéron centre son interprétation sur les capacités cognitives de l'homme en faisant l'économie de l'ontologie platonicienne : c'est la raison pour laquelle l'organisation de son corpus philosophique laisse en

---

33. Cicéron, *Tusculanes*, 1, 17.

suspens la question posée au début de son dialogue sur *La République*, qui porte sur la nécessité ou non de maîtriser avec la physique et l'astronomie la connaissance de l'univers pour aborder la théorie politique. Cicéron ne reprend pas le trajet parcouru par Platon qui fonde, dans le *Timée*, la théorie proposée dans la *République* en donnant à travers le récit de la genèse du monde le modèle ontologique au nom duquel doit s'organiser la cité. Tout ce qui, dans son œuvre, correspond à la physique suivant la partition antique de l'enseignement philosophique en physique, logique et éthique, est une exploration critique qui réfute quelques aspects de la physique stoïcienne (comme la théorie du destin et celle de la divination) et n'envisage la physique du monde, de la matière et des principes qu'à travers l'étude des représentations que les hommes se sont faites du rôle des dieux dans le monde.

Cicéron a ainsi repris à son compte la nouvelle configuration donnée par Socrate aux études philosophiques et décrite en ces termes dans les *Tusculanes* (5, 10) :

> « *Depuis la philosophie antique jusqu'à Socrate, qui avait suivi les cours d'Archélaos, disciple d'Anaxagore, on traitait des nombres et des mouvements, des principes de la génération et de la corruption, on mettait son application à rechercher les grandeurs des astres, leurs distances, leurs orbites et l'on étudiait tous les phénomènes célestes.*
>
> *Socrate fut le premier qui appela la philosophie à descendre du ciel et l'installa dans les villes; il l'introduisit jusque dans les maisons et la contraignit à s'occuper de la vie, des mœurs, du bien et du mal.* »

En évoquant le changement radical apporté par Socrate aux délimitations « pré-socratiques » de la philosophie, Cicéron fait entendre aussi la radicalité de son entreprise, qui est avant tout dirigée contre les « physiciens » de son temps, mais qui suppose aussi une grande liberté par rapport à Platon. Sans doute faut-il imputer cette lecture de Platon, pour une part, aux maîtres de la Nouvelle Académie et peut-être à Carnéade, qui est associé à Socrate – au moins pour la méthode de discussion – dans le texte des *Tusculanes*. Mais tandis qu'on ne peut attribuer aucune doctrine positive aux néo-académiciens, les œuvres de Cicéron permettent de voir quelle forme précise a pu prendre le projet de Socrate dans les dialogues menés avec les représentants des systèmes philosophiques dominants.

On voit comment la mise en perspective historique de la tradition platonicienne a pu affermir la démarche philosophique de Cicéron. C'est la raison pour laquelle il soumet les interlocuteurs stoïciens et épicuriens de ses dialogues à des questions qu'il puise davantage dans leurs propres traditions que dans la sienne, afin de les inciter à s'approprier et à développer ce qui leur a été transmis : l'examen critique des doctrines, ainsi compris, doit permettre de poursuivre librement le chemin frayé par les prédécesseurs grecs.

Mais Cicéron ne se contente pas de donner, à travers l'exemple de sa propre lecture de Platon, une leçon de liberté à ses adversaires dogmatiques. Les nouvelles interprétations qu'il propose de Platon et de Carnéade, en imposant le latin *probabile*, s'inscrivent dans un projet philosophique précis : il veut formuler la question des conditions de possibilité de la connaissance et de l'action en dépassant les termes fixés par le débat entre stoïciens et académiciens. Il ne s'agit pas d'en arriver à la suspension du jugement au motif que le vrai ne peut être distingué du faux mais de formuler au contraire quelques règles qui encadrent l'exercice du jugement : ces règles sont autant de précautions méthodologiques qui rappellent aux hommes que les conditions dans lesquelles ils « mettent à l'épreuve » et « donnent leur approbation » aux choses qu'ils en jugent dignes sont les seules possibles, pour le sage comme pour l'homme ordinaire.

Mais de cette limitation Cicéron tire les raisons d'une exigence éthique qui s'impose dans toutes les formes de l'exercice du jugement, du tribunal à la discussion philosophique : c'est l'engagement du sujet qui détermine le moment où ce qui ne peut offrir objectivement de certitudes infaillibles devient *probabile*, sans que l'approbation potentielle soit définitive puisqu'elle est toujours susceptible d'un nouvel examen. Or, en mettant au centre du processus cognitif la responsabilité de l'homme, Cicéron rend possible l'unification de toutes les activités humaines, qui se trouvent ainsi soumises à une même évaluation éthique : c'est à cette condition que l'espace politique peut être réinvesti par l'exigence philosophique, comme on va le voir dans le prochain chapitre.

II

La philosophie éloquente :
esquisse de philosophie politique

Le projet philosophique de Cicéron est un projet
politique qui se formule sur deux plans : la philosophie doit être une pratique installée dans l'espace politique et l'homme qui doit exercer la plus haute
magistrature est l'orateur-philosophe. Un tel projet ne
va pas de soi puisqu'il prétend réunir trois types d'activités qui, dans l'histoire de la philosophie aussi bien
que dans l'histoire romaine, ne sont pas concevables
au même niveau : l'art oratoire, la science politique et
la philosophie. Or Cicéron dispose d'un outil qui lui
permet de reconfigurer radicalement les relations
entre ces trois champs de l'activité humaine : le
concept de *probabile* met en effet sur le même plan ce
que cherche à atteindre le discours de l'orateur, ce sur
quoi se fondent les décisions éthiques et politiques et,

plus généralement, ce qui délimite les conditions de l'exercice du jugement et, par là, de la philosophie.

Je montrerai donc d'abord comment le *probabile* permet de concevoir et de définir l'espace où l'homme politique-orateur-philosophe a sa pleine légitimité. On verra ensuite que le concept cicéronien prend appui sur la démarche entreprise par Aristote dans ses *Topiques* [1] qui proposait une analyse unitaire des modes de l'argumentation, pour le tribunal comme pour la discussion philosophique. En procédant suivant cette perspective, Cicéron peut disqualifier les pratiques des philosophes contemporains : les stoïciens, parce qu'ils ont séparé la dialectique de la rhétorique et n'ont pratiqué que la première, les épicuriens parce qu'ils n'ont pas su utiliser la langue commune. Aucun philosophe de ces écoles ne peut donc exercer la plus haute magistrature, ni même être compris par ses concitoyens.

Epicuriens comme stoïciens en sont restés à la condamnation de la rhétorique, héritiers passifs – et peut-être même inconscients – de la tradition platonicienne : Cicéron, au contraire, est un lecteur actif et critique et le concept de *probabile* lui permet précisément de « déplacer » les questions héritées de la tradition platonicienne. Mais surtout, il réfléchit à partir de ses propres traditions : en insistant sur le fait que la philosophie est apparue, à Rome, dans le prolonge-

1. Rien ne permet d'affirmer que Cicéron a lu les *Topiques* d'Aristote tels que nous les lisons ; bien qu'il se donne pour but dans ses propres *Topica* d'expliquer à l'intention de son ami Trébatius ce que contiennent les *Topiques* d'Aristote, Cicéron a sans doute appris de Diodote ou d'Antiochus, ou lu dans un dialogue aujourd'hui perdu, les principaux aspects de la réflexion menée par Aristote.

ment de l'éloquence politique dont elle constitue comme l'aboutissement, Cicéron rappelle par là même que la rupture amorcée par Platon entre la philosophie et la rhétorique politique n'a aucune pertinence à Rome. Loin de penser en fonction des contraintes issues de l'histoire grecque de la philosophie, Cicéron va puiser dans l'histoire romaine ce qui peut donner sa légitimité à la philosophie éloquente; ce faisant, il donne à sa réflexion une rigueur méthodologique exemplaire: hors d'un cadre spatio-temporel précis, d'une culture précise, il n'est pas fondé de s'interroger sur les conditions de possibilité d'une pratique.

Le *probabile*, mesure et garantie de l'exercice de la parole.

Le *probabile* que vise tout orateur qui veut convaincre n'est pas un « à peu près », moins encore une fiction manipulatrice: comme on l'a vu dans le chapitre précédent, le concept désigne à la fois la limite dont doit se contenter l'homme dans sa tentative de connaître et l'engagement du sujet, dans les limites mêmes de ses capacités cognitives.

Dans ces conditions, le discours de l'orateur n'est pas en-deçà de celui du philosophe; par conséquent le philosophe ne déchoit pas quand il parle dans l'espace public.

On se rappelle en effet que Cicéron, dans le passage du *Timée* évoqué précédemment, a fait un choix de traduction radical: il a nettement distingué ce vers quoi l'homme peut tendre son regard, le vrai ou du moins son image, *uerisimile*, et le contenu de son discours, *probabilia*. Dans ce choix se marque nettement le refus de fonder et d'évaluer le discours sur son rapport à la vérité, tâche impossible : Cicéron nous fait sortir ainsi des débats rebattus sur la parole trompeuse ou impropre à dire le vrai pour se placer sur le terrain de l'engagement éthique.

Ainsi, même le « sage » évoqué dans les *Académiques* pour répondre aux objections des stoïciens accomplira toutes ses fonctions (*officia*) et prendra des décisions sans jamais pouvoir s'appuyer sur des connaissances certaines (2, 110) : avant de s'embarquer, sans pouvoir connaître l'issue de son voyage, il lui paraîtra au mieux *probabile* qu'il arrivera sain et sauf (2, 100). C'est donc dans les limites circonscrites par ce concept que se prennent toutes les décisions, que se tiennent les discours, même quand ils portent sur la formation du monde, comme celui du *Timée*.

Mais le champ de discours et d'action ainsi délimité n'est pas pour autant une zone intermédiaire entre le connu et l'inconnu parce que le *probabile* n'intervient pas comme réponse approximative ou provisoire face à l'inconnu : ainsi il ne peut y avoir de *probabile* à propos du nombre pair ou impair des étoiles. (*Ac.* 2, 110)

Le concept, en revanche, opère pour toutes les activités : sans présumer de la fiabilité des sens les artistes observent, reproduisent, façonnent et déploient tout leur art au plan du *probabile*. De même, les juges au tribunal doivent dire des faits jugés non pas qu'ils « se sont produits » mais qu'ils leur semblent s'être produits (*Ac.* 2, 146). Tout comme l'artiste s'engage, par l'œuvre même qu'il crée, sans garantie ni certitude autres que celles que lui donne l'acte même de créer, le juge rend un jugement qui ne statue pas sur la réalité ou la vérité mais sur ce qui lui paraît susceptible de l'engager lui : le jugement est véritablement l'acte de « mise à l'épreuve ».

En facilitant l'unification de tous les aspects de l'activité humaine à partir de l'engagement du sujet éthique, le concept cicéronien crée un espace dans lequel le discours et l'action politiques se déploient suivant les mêmes modalités que les décisions éthiques et les discussions philosophiques. Il n'y a donc plus de séparation entre une sphère théorique, où se tiendrait la « science » des philosophes, et une sphère pratique où se font tous les petits arrangements avec les contraintes imposées par les réalités historiques et politiques : l'exercice du jugement se fait, en philosophie comme en politique, dans les mêmes conditions périlleuses et le déploiement de la parole obéit aux mêmes règles.

C'est la raison pour laquelle Cicéron peut élaborer une « rhétorique » qui, loin d'être une « contrefaçon » d'art politique selon la formule du *Gorgias* de Platon, est une véritable éducation de la pensée.

Pour mener à bien cette entreprise, Cicéron reprend la perspective ouverte, selon lui, par Aristote, et qui concerne l'*inuentio*, c'est-à-dire la recherche et la production d'arguments : parce qu'il a développé la topique, qui vise précisément la recherche des arguments, Aristote a donné les moyens de penser, là où les stoïciens, en privilégiant la dialectique, ont tout au plus érigé quelques règles qui, à force de contrôler les ressources de l'argumentation, l'ont appauvrie.

En faisant d'Aristote le maître de l'*inuentio*, Cicéron montre comment la première étape de l'apprentissage rhétorique est aussi l'étape indispensable de l'apprentissage philosophique ; aussi n'est-il pas surprenant qu'il rappelle à plusieurs reprises qu'Aristote incitait ses élèves à développer leur pensée et leur style par un seul et même exercice pratiqué dans le cadre de l'*inuentio*, l'exposition successive d'une thèse et de son contraire, *in utramque partem*[2]. Que Cicéron ait transformé cet exercice de l'*inuentio* en principe d'écriture de la plupart de ses dialogues dit assez bien comme l'*inuentio* ainsi conçue est hautement qualifiée pour former la réflexion.

Les *Topiques* contre la dialectique

« *Dans son ensemble, la méthode rigoureuse pour apprendre la discussion comporte deux parties, l'invention des arguments et leur évaluation ; dans l'une et l'autre, à mon avis, Aristote tient la première place.*

Les stoïciens ont travaillé à la seconde partie : ils ont en effet exploré avec soin les procédures du jugement dans cette science qu'ils appellent dialectique. Mais la technique de l'invention, qu'on appelle topique, qui était non seulement la plus efficace dans la pratique mais surtout la première si l'on suit l'ordre qui se présente naturellement, ils l'ont complètement abandonnée. »[3]

Parce que les principes de production et de régulation sont les mêmes pour tous les usages de la parole, Cicéron peut traiter sans distinction du discours public et de l'entretien philosophique et investir par conséquent la prose philosophique de toutes les fonctions de la parole : convaincre, combattre, analyser, chercher. Cela revient à refuser la partition entérinée par les pratiques contemporaines de la philosophie qui distinguent la dialectique de la rhétorique et réser-

---

2. *De l'orateur*, 3, 80 ; *L'Orateur*, 46 ; *Sur les termes extrêmes*, 5, 10 ; *Tusculanes*, 2, 9.
3. Cicéron, *Topiques*, 6.

vent à la première la compétence pour fixer la terminologie philosophique, en garantir l'usage correct et la validité logique.

C'est pourquoi Cicéron retourne à Aristote qui, dans ses *Topiques*, a conduit une analyse unitaire de l'argumentation en philosophie et dans la rhétorique judiciaire à partir du syllogisme; ainsi, dans le court traité auquel il a donné, en référence à Aristote, le titre de *Topica*, Cicéron part des pratiques familières aux Romains: l'analyse des causes et des situations juridiques. C'est là que s'exerce la réflexion sur la terminologie, que s'évalue la validité d'un raisonnement et c'est grâce à ce travail rigoureux que la parole explore et développe la pensée, persuade et plaide. Or l'analyse des rapports d'implication ou de contradiction suppose la même méthode pour le juriste et pour le philosophe: c'est pourquoi l'étude des arguments qu'entreprend Cicéron dans ses *Topica* est entièrement conduite à partir d'exemples fournis par le droit romain.

> *« Vient maintenant un « lieu » propre aux dialecticiens, qui se tire des conséquences, des antécédents et des contraires. (…) Bien que ce lieu se divise en trois parties, conséquence, antécédent et contradiction, il a une forme simple quand il s'agit de trouver des arguments et une forme triple quand il s'agit de les développer.*
>
> *Quelle est en effet la différence, dès lors qu'on admet que l'argent comptant est dû à la femme qui est légataire de tout l'argent, si l'on adopte cette forme d'argument «si la monnaie frappée est comprise dans l'argent, elle a été léguée à la femme. Or la monnaie est comprise dans l'argent. Donc elle a été léguée.» ou si l'on adopte cette forme: « Si l'argent monnayé n'a pas été légué, c'est que l'argent monnayé n'est pas compris dans l'argent. Or l'argent monnayé est compris dans l'argent. Donc il a*

été légué » *ou si l'on adopte cette forme :* « *On ne peut admettre en même temps que tout ce qui est argent ait été légué et que l'argent monnayé n'ait pas été légué. Or tout ce qui est argent a été légué ; donc l'argent monnayé a été légué.* »[4]

Ainsi, alors qu'il prétend se contenter d'exposer, pour son ami le juriste Trébatius, « la méthode découverte par Aristote pour trouver des arguments », Cicéron décrit les règles de l'argumentation en partant des modes spécifiques selon lesquels se fait l'apprentissage du raisonnement pour tout Romain formé au droit.

Cicéron explore ce faisant une voie laissée en friche par les philosophies hellénistiques et la critique qu'il adresse à l'épicurisme et au stoïcisme doit s'apprécier précisément en fonction de la continuité qu'il veut maintenir entre les pratiques de l'analyse juridique et celles de l'analyse philosophique.

Au nom de cette continuité, qui permet d'installer l'entretien philosophique dans l'espace même où se tiennent les consultations des juristes romains, Cicéron critique, chez les stoïciens, des recherches logiques qui n'ont su produire qu'une dialectique formelle sans donner les moyens de garantir un bon usage de la parole politique ; chez les épicuriens, il dénonce la prétention mensongère à se fonder sur l'usage ordinaire de la langue au nom duquel ils se croient dispensés de donner des définitions. Dans les deux systèmes, enfin, Cicéron veut faire apparaître l'échec d'une entreprise qui cherche à fonder et à régler le bon usage de la langue sur une épistémologie infaillible.

---

4. Cicéron, *Topiques*, 53.

Pour en finir avec le sage muet

Les critiques adressées aux stoïciens doivent se comprendre en fonction des attentes, sur le plan éthique et politique, que peut légitimement faire naître une doctrine qui postule une maîtrise parfaite du discours, au moins pour le sage : cette maîtrise découle du contrôle que le sage exerce sur ses représentations et, partant, de sa capacité à juger du vrai et du faux. Ainsi, ce qui est respectivement l'objet de la logique et de la dialectique selon les stoïciens suffit à garantir un usage rigoureux du langage, en toutes circonstances, parce que le passage de l'impression sensorielle à l'énoncé vrai est contrôlé par des critères infaillibles.

Du même coup, il n'est pas utile de s'intéresser à ce qui rend le discours convaincant : en privilégiant la dialectique par rapport à la rhétorique, le poing fermé et non la main ouverte, selon l'image proposée par Zénon[5], les stoïciens ont dépossédé le sage des moyens de convaincre, sauf les quelques hommes à qui le vrai peut apparaître dans son évidence. Dès lors, même la vertu de Caton, dont la dialectique est une composante selon la définition des stoïciens, ne peut remplir la fonction pédagogique que les stoïciens lui assignent pourtant : la concision de l'expression, le recours abusif aux preuves par syllogismes ne favorisent pas la diffusion d'une doctrine dont Cicéron est le premier à reconnaître la valeur, surtout sur le plan éthique. Les énoncés paradoxaux, qui proclament que les valeurs reconnues par la communauté n'en sont

5. L'image est rapportée par Cicéron dans le dialogue *Des termes extrêmes des biens et des maux*, 2, 17 et dans *L'Orateur*, 113.

pas, dispensent les stoïciens d'une réflexion méthodique et constructive sur les usages communs de la langue : aussi finissent-ils par subir le même isolement que leurs « ancêtres » les cyniques qui se contentaient de pratiquer « la falsification de la monnaie[6] », la critique radicale des valeurs communautaires.

Devant Caton[7], dont Cicéron a fait le représentant de la doctrine stoïcienne dans le dialogue *Des termes extrêmes des biens et des maux*, Cicéron formule ces objections :

> « *Toute cette matière (la rhétorique), Zénon et ses successeurs l'ont vraiment laissée de côté, soit qu'ils n'aient pas été capables de la traiter soit qu'ils aient refusé de le faire. Cléanthe et Chrysippe[8] également ont bien écrit un traité de rhétorique : si l'on désire devenir muet, il n'y a rien d'autre à lire. Et tu vois bien comme ils parlent ! Ils inventent des mots nouveaux et abandonnent ceux dont on se sert (...)*
> *Tout ce que tu as brièvement traité,* « *seul le sage est roi, dictateur, riche* », *tu l'as fait au moins en un style harmonieux et poli. Mais chez les stoïciens, quelle maigreur quand ils traitent de la puissance de la vertu, si grande selon eux qu'elle suffit à produire le bonheur : avec leurs petites interrogations, ils piquent comme avec un dard mais même ceux qui leur ont dit oui ne sont absolument pas transformés et repartent comme ils étaient venus.* » (*Fin.* 4, 7)

---

6. C'est la devise de Diogène le Chien ; voir Diogène Laërce, *Vies et doctrines des philosophes illustres*, VI.

7. Caton d'Utique (95-46 av. J. C.), arrière-petit-fils de Caton le Censeur, fut un farouche opposant à César. Son suicide en 46 en fit une figure de l'opposition républicaine à la tyrannie.

8. Cléanthe (331-232 av. J.C) succéda à son maître Zénon à la tête de l'école stoïcienne ; Chrysippe (280-207 av. J.-C.) lui succéda à son tour et développa particulièrement la logique.

En tournant en dérision les «petites interrogations» par lesquelles les stoïciens veulent amener leur interlocuteur à accepter leurs thèses, Cicéron conteste la manière dont les stoïciens se sont approprié la procédure socratique par questions successives sans la rapporter à un projet de persuasion philosophique: c'est que leur dialectique est non seulement appauvrie par l'absence de son pendant rhétorique mais surtout elle ne fournit pas de moyens sûrs pour atteindre la vérité.

Cette faiblesse est manifeste dans le cas du «sorite», le raisonnement par accumulation qui montre, selon les Académiciens, que « la nature ne nous a donné aucune connaissance sûre des limites qui nous permettrait de définir jusqu'où nous pouvons aller sur chaque sujet: et non seulement dans le cas du « tas de blé » (*sôros* en grec) dont le sorite tire son nom mais aussi sur n'importe quel sujet, si on nous demande degré par degré si un homme est riche ou pauvre, célèbre ou inconnu, si les choses sont en grande ou en petite quantité (...) nous ne savons pas à partir de quel point ajouté ou soustrait donner une réponse assurée. »[9].

Face à ce type de piège, le stoïcien n'a d'autre stratégie que le silence: que lui a donc appris la dialectique, « science du vrai et du faux » s'il ne peut se fonder sur la perception méthodiquement contrôlée par le critère de vérité, ni déjouer au moins formellement le raisonnement fallacieux? S'il s'agit seulement de définir, fixer les règles de l'argumentation, examiner si les propositions sont vraies ou fausses et les conclusions logiquement valides, les stoïciens n'ont rien apporté de nouveau à la dialectique de leurs prédécesseurs, comme le rappelle Cicéron à Caton (*Fin.* 4, 9).

---

9. Cicéron, *Premiers Académiques*, 2, 92.

Mais la critique va plus loin quand Cicéron montre que l'abus des néologismes ainsi que l'usage arbitraire des mots masquent une imposture sur un plan plus général : les stoïciens ont consacré beaucoup d'efforts à désigner par d'autres mots ce qu'avant eux Platon et Aristote avaient élaboré (*Fin.* 3, 10 ; *Nat.* 1, 16).

On dira que l'accusation de plagiat est un thème récurrent dans les polémiques entre philosophes antiques et, d'autre part, il n'est pas certain que Cicéron partage sans réserves les thèses d'Antiochus d'Ascalon selon lesquelles les stoïciens ne sont que les continuateurs de Platon et d'Aristote.

Cependant, parce qu'il revient à plusieurs reprises sur ce point, Cicéron met l'accent sur une difficulté dont l'enjeu philosophique est grand : que vaut une science comme la dialectique stoïcienne qui prétend contrôler les définitions et qui favorise pourtant la prolifération de néologismes pour désigner des concepts qui ont déjà un nom ? Sur quelle relation nouvelle aux signifiés, sur quel fondement épistémologique plus sûr les stoïciens s'appuient-ils ? le risque est grand qu'ils aient enfermé la dialectique dans un fonctionnement autarcique, sans maintenir de liens étroits avec la logique, c'est-à-dire avec la théorie du critère qui en constitue la partie essentielle : or cette théorie s'appuie sur les « prénotions », ces représentations formées naturellement en chaque homme et qui sont comme déposées dans la langue[10]. Il suffirait donc de retourner à l'usage commun de la langue

10. Sur la prénotion ou « prolepse », définie dans Diogène Laërce (*Vies et doctrines des philosophes illustres,* VII, 54) comme «conception naturelle des universaux», voir les textes rassemblés et commentés par Long et Sedley, *Les philosophes hellénistiques,* vol. 2, pp.187-210.

pour garantir avec les « prénotions » la progression méthodique de l'analyse qui mène de la représentation au concept.

Il est un autre point sur lequel Cicéron souligne l'appauvrissement apporté par la dialectique stoïcienne à la production du discours : pour atteindre la plénitude de la pensée et du discours, rappelle Cicéron à Caton, il faut connaître les règles de l'« invention », c'est-à-dire la recherche des idées et des « lieux », et celles de leur exposition méthodique. Or les stoïciens ne se sont pas du tout intéressés à l'invention qui est pourtant le seul moyen d'apprendre à penser par soi-même, sans se sentir contraint à répéter les leçons que l'on a consignées dans ses notes :

> « *Si l'on sait où se trouve chaque argument et par quel moyen on y accède, on pourra le faire sortir, même s'il est entièrement caché, et être toujours son propre maître dans la discussion.* » (*Fin.* 4, 10)

Parce qu'ils n'ont pas cherché à compléter, même en les modifiant, les travaux d'Aristote sur la topique, les stoïciens ont privé leurs disciples de la possibilité d'élaborer suivant leur propre cheminement une réflexion personnelle. La dialectique stoïcienne finit par n'être plus qu'un ensemble de règles formelles pour rabâcheurs dogmatiques.

En conséquence, faute d'avoir pu réaliser l'ambitieux programme qu'ils avaient défini pour leur logique, dans laquelle ils englobaient dialectique et rhétorique, les stoïciens ont eux-mêmes contribué à rendre obscure une doctrine que sa grandeur destinait pourtant à un rôle politique majeur. Tandis que Cicéron et Caton s'accordent sur le fond (*res*), la terminologie inventée par les stoïciens suscite le désaccord : on ne saurait dire plus clairement l'échec philosophique et politique de la doctrine la plus susceptible pourtant de former le philosophe-magistrat. Le suicide de Caton, héroïque et solitaire résistance à la tyrannie de César, en a donné aux contemporains de Cicéron une saisissante image.

Quelle langue parlent les épicuriens ?

A l'égard des épicuriens, la réflexion critique paraît radicalement différente mais il ne faut pas se fier à l'apparente simplicité du point de vue exprimé par Cicéron : le retrait des épicuriens loin de l'agitation politique, leur refus de s'engager dans le débat public pour cultiver dans l'espace privé les plaisirs de l'amitié sont des clichés que Cicéron n'hésite pas à évoquer parfois par provocation, dans des contextes explicitement polémiques où leur statut de cliché se trouve ainsi nettement souligné. Il n'y a rien de comparable, à Rome, au Jardin d'Epicure et tous les amis épicuriens de Cicéron sont engagés dans la vie publique : c'est pourquoi les personnages des dialogues de Cicéron qui sont chargés d'exposer la doctrine épicurienne ont tous des fonctions politiques importantes ou proviennent des plus anciennes familles de Rome, celles dont l'héroïsme a permis de maintenir et d'augmenter la *res publica*.

Reste que la canonique épicurienne, le nom donné à la logique, est impropre à former à la discussion : pas de méthode pour construire une argumentation, pas de définitions ni de technique de la division et de la partition, rien d'autre que le recours au jugement des sens et des prénotions, comme le rappelle Cicéron dans l'introduction au dialogue *Des termes extrêmes* (1,

22). Il en donne l'illustration en questionnant son interlocuteur épicurien Torquatus sur le sens du mot «plaisir» dont ce dernier n'a pas jugé utile de donner une définition. Cicéron commence par rappeler quelle procédure de recherche il convient de suivre et évoque pour cela la définition juridique du point à juger en même temps que l'exigence de définition formulée par Socrate dans le *Phèdre* (237b) :

> « *Dans toute recherche, le discours que l'on conduit suivant une démarche rationnelle doit commencer par exiger, comme le font certaines formules juridiques disant « ceci est le point à juger », que ceux qui discutent s'accordent sur l'objet de la discussion. Cette exigence, que Platon a formulée dans le* Phèdre, *Epicure l'a approuvée et a jugé qu'il fallait procéder ainsi dans toute discussion.* » (*Fin.* 2, 3-4)

Or, dans le cas du plaisir, qui est pourtant le fondement et le but suprême auxquels Epicure rapporte toute l'éthique, Cicéron va montrer que, d'une part, Epicure ne procède pas suivant les règles qu'il a fixées lui-même dans sa *Lettre à Hérodote*[11] et que, d'autre part, le sens qu'il donne au mot n'est attesté dans aucun usage de la langue.

En reprenant mot pour mot l'énoncé de la canonique dans lequel Epicure enjoint son disciple Hérodote de « saisir ce qui est placé sous les sons vocaux (…) parce qu'il est nécessaire que, pour chaque son vocal, la notion première soit vue et n'ait nullement besoin de démonstration »[12] Cicéron insiste

11. Cette lettre est transmise par Diogène Laërce, *Vies et doctrines des philosophes illustres*, X, 35-83.
12. Diogène Laerce, 10, 37-38

sur le fait que, s'agissant du concept le plus important
de l'éthique, la méthode fondamentale dont dépend la
rigueur de l'ensemble n'est pas suivie :

> « *Epicure, qui dit souvent qu'il faut s'appliquer à*
> *faire sortir le sens placé sous les sons ne comprend pas,*
> *parfois, ce que fait entendre le son* « *plaisir* », *c'est-à-dire*
> *quelle chose est placée sous ce son.* » (*Fin.* 2, 6)

Cette chose n'est rien d'autre que la « notion première » qui correspond au sens le plus usuel du mot
pour lequel il n'est pas besoin de se livrer à un travail
de définition. Pourtant, remarque Cicéron, les épicuriens disent que le plaisir est l'absence de douleur
alors que pour tous les hommes c'est une sensation
agréable qui provoque et répand une sorte de conten-
tement. Si les épicuriens acceptent aussi le sens
reconnu par tous, et c'est le cas, ils commettent la
faute de donner un même mot à deux choses différentes (*Fin.* 2, 9). Et lorsqu'ils tentent d'établir une
distinction entre le plaisir stable et le plaisir en mouvement, qui consiste en variations, le sens qu'ils donnent au mot variation n'est pas clair (*Fin.* 2, 10).

Aussi Cicéron peut-il conclure qu'« Epicure est
coupable de parler de telle sorte qu'on ne le comprend pas. » Or cette obscurité n'est pas volontaire,
comme on le suppose chez Héraclite, ni même liée à
la difficulté du sujet, comme c'est le cas du *Timée* de
Platon : au contraire, alors qu'il s'agit d'un sujet
accessible, « ce n'est pas nous qui ne comprenons pas
le sens de ce mot mais c'est Epicure qui parle d'une
manière qui lui est propre sans tenir compte de la
nôtre. » (*Fin.* 2, 15)

A travers la critique adressée à Epicure, le sage qui
s'est exclu de la cité faute de parler le langage com-

mun, Cicéron suggère quelles sont les causes de l'échec d'une doctrine pourtant fondée sur l'exigence de clarté : sans discussions sur la langue, sans un travail mené en commun sur les définitions et faute d'accepter des règles communes dans l'usage de la langue, les épicuriens ne peuvent prétendre s'adresser clairement à tous. En conséquence, ils n'ont pas les moyens de remplacer la rhétorique politique, qu'ils condamnent, par un discours dont le sens univoque serait accessible à tous : il n'est pas impossible que soit visé ici l'épicurien contemporain Philodème qui, dans sa *Rhétorique*, s'est limité à un traité sur la clarté sans s'aviser que la clarté ne surgit pas sans le travail de « dévoilement » que permet la définition.

C'est donc parce que les philosophies contemporaines dominantes ont refusé ou esquivé la question centrale de la parole publique, que Cicéron écrit dans son dialogue *De l'orateur* un véritable manifeste en faveur de l'éloquence politique. Il me reste à montrer que ce manifeste, le premier dialogue que Cicéron a composé, rend déjà raison de l'unification que va peu à peu conceptualiser le *probabile*.

Contre la technique, pour la culture

Sous le but explicite de chercher à définir ce qu'est l'orateur idéal, les interlocuteurs principaux du dialogue *De l'orateur*, les deux grands orateurs Crassus et Antoine[13], élaborent en commun un véritable « antimanuel » de rhétorique qui procède du refus d'appe-

13. Crassus (140-90 av. J.-C.) et Antoine (143-87 av. J.-C.) furent les deux plus grands orateurs de leur temps, d'après Cicéron qui fut formé auprès d'eux et qui leur prête dans son dialogue *De l'orateur* les qualités de l'orateur politique idéal.

ler « technique » (*ars*) ce que prétendent enseigner les
manuels. Pour Crassus, l'enjeu de ce refus s'explique
par le projet qu'il défend : reconquérir pour l'orateur
politique tout le champ de connaissances que les philosophes se sont arrogé. Pour Antoine, qui prétend se
contenter de la pratique, il n'est pas fondé de donner
le nom d'*ars* à un talent qui ne peut se transmettre.

Sous l'opposition apparente entre ces deux interlocuteurs, l'un faisant de l'éloquence la discipline sou-
veraine qui englobe toutes les autres, l'autre la
réduisant à une pratique, Cicéron met en place les
deux pôles entre lesquels la réflexion sur ce qui doit
fonder la compétence de l'orateur sera conduite : d'un
côté la science des philosophes, de l'autre la pratique.
Entre ces deux pôles, aucune place n'est ménagée
pour une discussion sur la technique rhétorique, du
type de celles qu'on trouve présentées dans la
Rhétorique de Philodème.

Cicéron ne prend donc pas en compte tout ce que
la philosophie hellénistique a pu apporter à la
réflexion entreprise à partir de Platon sur la technique : loin de chercher à légitimer une forme de compétence technique, il s'agit au contraire de réfléchir
sur la manière dont peuvent s'articuler la science – et
principalement la science politique – et l'éloquence.

C'est la raison pour laquelle ce qui pourrait constituer la matière d'un manuel de rhétorique est complètement réorienté par Antoine et Crassus, d'accord
sur l'essentiel : seule la pensée fait naître l'expression,
dont les « ornements » viennent du sujet même (2,
146). Par conséquent on ne peut écrire sur le style et
l'ornementation sans avoir réfléchi à ce qui produit le
déploiement de la pensée : il faut donc refuser la séparation établie par les techniciens de la rhétorique,

comme Hermagoras[14], entre les « questions particulières » qu'il réserve à l'orateur et les « questions générales » du seul ressort du philosophe. Seules les
« questions générales » permettent d'analyser, et par
conséquent d'exposer avec ampleur et précision, un
cas particulier. Or les maîtres de rhétorique sont inca-
pables d'enseigner ce qui, au-delà des personnes
engagées et des actes commis, relève d'une véritable
philosophie du droit, comme dans l'exemple suivant :

> « *Il s'agit d'une question générale, qui n'est pas limi-
> tée : doit-on considérer qu'il faut appliquer le châtiment
> à un homme qui a tué un citoyen en vertu d'un sena-
> tus-consulte et pour sauver la patrie alors que le meurtre
> est interdit par les lois ?* » (2, 134)

Crassus et Antoine reconnaissent donc que toutes
les méthodes de l'argumentation, qu'il s'agisse de parler à la tribune ou de conduire une discussion philosophique, proviennent de la même source, des mêmes
« lieux » : en cela, comme le rappelle un de leurs audi-
teurs, ils marchent sur les traces d'Aristote qui « a
déterminé certains lieux à partir desquels on peut
trouver toutes les méthodes d'argumentation qui
valent non seulement pour la discussion philosophique mais pour le discours judiciaire » (2, 152).

Ainsi, dans la fiction du dialogue, les deux Romains
« retrouvent » Aristote que Cicéron restituera à son tour
dans l'une de ses dernières œuvres, les *Topica* : on a vu
déjà dans les pages qui précèdent à quel point la topique

---

14. Hermagoras (IIᵉ siècle av. J.-C.), professeur de rhétorique,
eut une grande influence sur l'élaboration de la technique rhétorique : on connaît une partie de sa doctrine grâce à Cicéron et à
Quintilien.

aristotélicienne – ou l'interprétation qu'en a donnée
Cicéron – a joué un rôle essentiel dans l'élaboration de
la pensée de Cicéron; on constate ici qu'Aristote valide
« après coup » le discours des Romains : la philosophie
permet alors d'organiser et de hiérarchiser les différents
niveaux de l'expérience. C'est que la formation qu'ont
reçue les orateurs « modèles » que sont Crassus et
Antoine suit une chronologie dans laquelle la pratique
du forum, d'où s'acquiert la connaissance des lois et des
institutions romaines *précède* l'enseignement venu des
Grecs. Or c'est cette formation qui donne sa légitimité à
la réunification de toutes les questions et, avec elles, de
tous les usages de la parole.

Ce schéma de biographie intellectuelle, qu'on
retrouve utilisé pour Scipion dans le dialogue sur *La
République* (3, 4-6) tend à reproduire, sur le plan
humain, la construction historique par laquelle
Cicéron veut souligner l'antériorité à Rome de l'éloquence politique et judiciaire par rapport à la philosophie. Cette dernière, suivant l'image utilisée dans les
Tusculanes (2, 5), loin de devoir sa naissance à la rupture avec l'éloquence, lui a succédé « naturellement » :

> « *Le prestige reconnu à l'éloquence, après d'humbles
> débuts, a atteint son apogée si bien que, comme cela se
> produit naturellement pour tout ou presque, il faiblit et
> semble aller vers le néant tandis que prend naissance, des
> circonstances mêmes que nous vivons, la philosophie de
> langue latine* ».

Contre Platon ?

L'histoire de l'avènement de la philosophie de
langue latine, ainsi décrite, explique le déplacement
significatif que Cicéron fait subir au débat que Platon

avait ouvert sur la valeur des discours et les conditions de diffusion de la parole philosophique. La mise en scène du dialogue cicéronien est placée à l'ombre d'un platane explicitement comparé à celui sous lequel Socrate mène les discussions du *Phèdre* mais les interlocuteurs ne cherchent pas du seul côté de la philosophie, et contre des Lysias ou des Isocrate[15] romains, comment fonder et légitimer l'éloquence par un ensemble de connaissances raisonnées.

C'est au contraire en partant de l'histoire de l'éloquence, illustrée par les grands hommes politiques du siècle précédent, que Crassus et Antoine dessinent un portrait de l'orateur comme homme politique et savant qui anticipe la figure de Scipion, interlocuteur principal du dialogue sur *La République*. Aussi les vives critiques que Socrate adresse aux sophistes dans le *Gorgias* sont-elles à plusieurs reprises condamnées pour leurs conséquences désastreuses: en disqualifiant les prétentions des sophistes à enseigner, avec l'éloquence, un ensemble de connaissances éthiques et politiques, Platon a enfermé l'orateur « comme un esclave tournant la meule » dans les tribunaux et les petites harangues.

L'enseignement des sophistes pouvait comporter un risque pour le bon fonctionnement de la parole politique, et cela surtout quand on adopte la conception platonicienne de la cité, mais il n'a pas d'équiva-

---

15. Lysias (env. 459-380 av. J.-C.) enseigna la rhétorique et fut « logographe », rédigeant pour les autres les discours qu'ils devaient prononcer sans l'aide d'un avocat. Considéré comme un modèle de prose attique par les Anciens, il apparaît dans le *Phèdre* de Platon comme l'auteur à la mode d'un discours paradoxal sur l'amour. Isocrate (436-338 av. J.-C.), qui fut peut-être l'élève du sophiste Gorgias, fonda une école de rhétorique et écrivit des discours politiques jamais prononcés, modèles d'éloquence d'apparat.

lent dans le monde romain : on ne saurait comparer aux sophistes ces « petits Grecs » venus enseigner les techniques rhétoriques, moins encore ces rhéteurs latins dont Crassus a fait fermer les écoles précisément l'année où Cicéron a choisi de situer la fiction du dialogue *De l'orateur*. En aucun cas ils ne peuvent constituer une menace sérieuse quand les institutions romaines restreignent à une élite l'accès à la parole, quand ce qui garantit la *res publica* est suffisamment puissant encore pour nourrir une confiance raisonnée en un usage moralement et politiquement contrôlé de la parole.

C'est pourquoi Cicéron peut reprendre à nouveaux frais, sur des bases historiques radicalement différentes, la question formulée par Platon : il existe à Rome une tradition de régulation de la parole publique qui mérite d'être prise en compte pour qui veut placer la sagesse éloquente au cœur de la *res publica*.

On peut mesurer la radicalité de la démarche de Cicéron à partir du rôle, sans exemple ou précédent connu, qu'il attribue à Socrate : ce dernier a rompu l'antique unité de l'homme en séparant la langue et l'organe de l'intelligence que Cicéron, recourant à un terme archaïque, désigne par le mot *cor*. Le bouleversement dont la cause est attribuée à Socrate est ainsi présenté par Crassus :

Au temps où une même sagesse (*sapientia*) enseignait à penser, à agir et à parler on s'illustrait aussi bien dans la conduite des affaires publiques, comme Thémistocle ou Périclès[16], que dans l'enseignement

---

16. Thémistocle (524-459 av. J.-C.), qui commanda les troupes grecques contre l'invasion des Perses et Périclès (495-429 av.J.-C.) qui mena Athènes dans la guerre du Péloponèse, sont deux modèles de magistrat-orateur de l'Athènes classique.

de cette sagesse, comme Gorgias ou Isocrate. Mais ceux qui se détournèrent de la vie publique méprisèrent l'art de la parole qu'ils possédaient pourtant au plus haut point: le chef de file de ce groupe fut Socrate qui « arracha le nom de philosophes » commun à tous ceux qui s'occupaient de définir et d'enseigner ce qui n'avait qu'un seul nom, désignant « la connaissance et la pratique des notions les plus élevées ». Ainsi Socrate « sépara, dans ses discussions, la science qui a pour objet la pensée droite et celle qui porte sur le style, malgré les liens fondamentaux qui les unissaient. C'est de là que provient ce divorce, pour ainsi dire, entre la langue et le cœur, vraiment incongru, inutile et blâmable qui eut pour conséquence que nous avons des maîtres différents pour nous apprendre à exercer notre jugement et nous apprendre à parler. » (*De l'orateur*, 3, 59-61)

Sous le grossissement du trait, la séparation ainsi présentée entre l'apprentissage de l'expression et celui de la pensée rend compte de la rupture fondatrice qui, selon Platon, a permis l'avènement de la philosophie. Mais à partir du conflit fondateur grâce auquel s'est faite, chez Platon, la réorganisation du savoir et du politique, les héritiers de Socrate, c'est-à-dire, pour Cicéron, tous les philosophes, ont eu à repenser pour leur propre compte les rapports entre la philosophie et ses modes d'expression. Aristote, qui a fait étudier l'éloquence à ses disciples, Théophraste, son successeur, le néo-académicien Carnéade, puis Philon de Larissa ont tous brillé dans l'éloquence. En revanche les épicuriens et les stoïciens en sont restés à ce mépris de la parole et de la vie publiques qui les a condamnés à l'isolement.

Les deux écoles « vivantes » de la philosophie hellénistique ne sont donc que des héritières passives de la
position socratique tandis que les péripatéticiens et
les néo-académiciens, incontestables héritiers de
Socrate, ont su dépasser le conflit fondateur : Cicéron
montre encore une fois combien une histoire critique
et active de la philosophie est nécessaire pour qui veut
réfléchir au présent.

Le présent de la *res publica* exige autre chose
qu'un retour à l'histoire grecque parce que ce présent a été façonné par une tout autre histoire. Or
l'histoire de Rome apprend que, dans les deux
siècles qui précèdent celui de Cicéron, des hommes
ont illustré l'unicité de l'homme ancien : les
Fabricius, Caton, Scipion[17] n'ont pas subi les conséquences de la rupture socratique et l'histoire de la
sagesse éloquente se déroule sans les clivages qui ont
marqué la philosophie grecque. C'est la raison pour
laquelle Cicéron peut évoquer, à l'ombre du *Phèdre*,
un autre avènement de la philosophie, d'une philosophie nécessairement et historiquement politique.

Reste à évaluer la pertinence philosophique de ce
recours à l'histoire quand il faut donner sa pleine légitimité à la figure de l'orateur-philosophe-magistrat.
Le passé de Rome ne fournit pas de modèle mais permet de réfléchir aux conditions de possibilité de la
sagesse éloquente : en ce sens le passé propose moins

---

17. Fabricius (IIIe siècle av. J.-C.) est, comme Caton (234-149
av. J.-C.) au siècle suivant, le type de l'homme d'état intègre et
intransigeant. Quant à Scipion (185-129 av. J.-C.), l'interlocuteur
principal du dialogue sur *La République,* il incarne l'idéal du magistrat dont la culture fait un orateur et un homme d'état accompli.

des exemples à suivre qu'il ne fixe des limites. A côté de quelques portraits d'hommes qui surent défendre la liberté ou conduire sagement les affaires, Cicéron évoque aussi tous les cas où la parole publique fut l'instrument privilégié de la démagogie, de la duplicité et des manipulations: telles sont les leçons de l'histoire qui rendent la rêverie nostalgique impossible et rappellent au contraire que ce sont les hommes qui font l'éloquence, sage ou furieuse. L'histoire apprend à réfléchir à partir des conduites humaines et des modalités de l'engagement du sujet: on ne peut prétendre garantir autrement la rationalité de la parole, à moins de recourir aux mythes qui racontent les liens de l'âme avec la connaissance, comme le fait Platon dans le *Phèdre*.

Loin des mythes, l'histoire maintient la réflexion au niveau de ce qui est accessible à l'homme: à ce titre, elle opère dans le champ conceptuel du *probabile* et l'usage qu'en fait Cicéron découle en toute rigueur de cette élaboration conceptuelle.

On a donc rencontré, au fil de l'histoire, quelques esquisses de l'orateur-philosophe-magistrat: on y voit combien la parole, constitutive de l'homme, est précisément ce qui fédère les hommes entre eux et forme le lien politique premier. On y voit aussi comme l'éloquence du sage magistrat, parce qu'elle mise sur la raison dans la langue et s'adresse à la raison, est capable de maintenir et de renforcer le lien politique premier. Mais le magistrat romain n'est pas un maître: sa parole vaut dans l'échange, dans le débat contradictoire. Il faut assumer jusqu'au bout le risque inhérent au déploiement de la parole dans l'espace politique parce que la parole est l'outil et la condition de la liberté de l'homme: les *Philippiques* prononcées contre Marc-Antoine, qui valurent à Cicéron la mort, en sont le dernier exemple avant la destruction sous l'Empire de la parole politique.

Si les circonstances donnent un éclairage plus violent à la « défense et illustration » de l'éloquence politique écrite dans le dialogue *De l'orateur*, elles ne la réduisent pas pour autant à une prise de position purement politique. Car cette défense a pour soubassement une réflexion sur l'usage de la parole qui s'élabore en tirant toutes les conséquences du projet entrepris par Aristote dans ses *Topiques*. A partir de là, Cicéron peut montrer que les analyses des juristes romains donnent l'exemple d'un travail sur la langue qui permet à la pensée de se déployer en toute rigueur ; c'est ce que n'ont pas su faire les philosophes « de métier », enfermés dans la citadelle dialectique ou dans l'illusion de la transparence de la langue. Faute d'avoir eu confiance dans un usage méthodique de la langue et dans le pouvoir d'explicitation rationnelle qu'elle recèle, ces philosophes ont laissé les armes s'installer à la faveur de leur silence.

En revanche Cicéron a pu conserver jusqu'au bout sa confiance dans les règles de l'échange verbal parce que le concept de *probabile* donne les moyens de penser autrement, loin de la méfiance platonicienne admise sans examen, véritable préjugé philosophique. Dans le champ du *probabile*, l'exercice périlleux de la parole politique ne comporte ni plus ni moins de garanties que l'exercice du jugement ou la prise de décision : l'homme s'y engage en assumant les risques qu'il court, tel est son « métier d'homme » (*munus humanum*), cette véritable « magistrature » (*munus*) qu'il doit assumer toute sa vie, dans les conditions qu'il faut maintenant expliciter.

III

Le « métier d'homme »

L'unification conceptuelle réalisée avec le *probabile* rend possible une véritable éthique dont les valeurs les plus hautes sont placées dans l'engagement politique : cela ne signifie pas pour autant que l'homme ne s'interroge pas sur la place qu'il occupe dans le monde, un monde qu'il aspire à connaître tout en sachant qu'une telle connaissance est hors de sa portée. La tension entre, d'un côté, l'impossibilité de connaître et, de l'autre, la nécessité éthique de s'engager comme sujet ne conduit pas, cependant, à un déchirement : le concept de *probabile* donne une dynamique à cette tension en permettant d'articuler l'action dans la cité des hommes et la contemplation du monde. Telle est sans doute la conséquence la plus féconde, sur le plan éthique, du déplacement que le *probabile* fait subir à l'ontologie platonicienne.

Cette tension positive se matérialise, dans les œuvres de Cicéron que j'évoquerai ici, quand la réflexion politique s'élabore en mettant à distance la cosmologie pour privilégier le rôle des hommes dans le façonnement de l'espace politique. La tension se marque aussi sur un autre plan, quand Cicéron refuse les conséquences d'une physique systématique aux échos de « religion cosmique » mais multiplie les exercices d'admiration pour un monde qui fait soupçonner la possibilité du divin.

Les leçons politiques du *Songe de Scipion*

> « Les hommes ont été conçus pour obéir à cette loi : veiller sur ce globe (...) qu'on appelle la terre. Ils ont reçu leur esprit de ces feux éternels que vous nommez constellations et étoiles qui, de forme parfaitement sphérique et mues par une intelligence divine, accomplissent à une vitesse étonnante leur orbite. C'est pourquoi tu dois, Publius, toi et tous les hommes respectueux de cette loi, retenir ton esprit dans la prison du corps et ne pas quitter la vie sans en avoir reçu l'ordre de celui qui vous a donné cet esprit : sinon vous auriez l'air d'avoir fui le « métier d'homme » (munus humanum) que la divinité vous a assigné. »[1]

Le *Songe de Scipion*, dont la postérité a été assurée par le commentaire très approfondi qu'en fit le néo-platonicien Macrobe[2], a longtemps représenté le point culminant et la forme la plus achevée de la réflexion

---

1. Cicéron, *Songe de Scipion*, 15 = *Rep.* 6, 15.
2. Macrobe écrivit au Vᵉ siècle ap. J.-C. un commentaire au *Songe de Scipion* nourri par le néo-platonisme de Plotin (205-269 ap. J.-C.) et par le commentaire au *Timée* que fit Porphyre (234-305 ap. J.-C.), disciple de Plotin. Les manuscrits du commentaire comportent le texte du *Songe* dont la survie fut ainsi assurée.

politique de Cicéron : les restes du dialogue sur *La République*, surgis d'un palimpseste au début du XIXe siècle, le dialogue inachevé sur les *Lois* et le traité sur *Les Devoirs*, testament éthico-politique que Cicéron adresse à son fils n'offrent pas en effet le même degré de lisibilité.

Dans le *Songe*, Scipion apprend de son ancêtre quel sort est réservé à ceux qui ont préservé et augmenté la *res publica* : une vie éternelle sur la Voie lactée. Le retour vers les astres, d'où est tiré l'esprit des hommes, est évoqué à l'aide d'une description du mouvement des planètes, suivie de l'explication concernant la musique des sphères que Scipion entend : tout apparemment engage le lecteur du côté d'une cosmologie positive dont les résonances pythagoriciennes et platoniciennes laisseraient supposer qu'on a affaire à un discours dogmatique sur la nature de l'homme, sa place dans le monde et la hiérarchie des valeurs qu'il se trouve contraint de respecter.

La tentation d'une lecture dogmatique naît aussi des pièges que tend l'histoire rétroactivement : moins de trente ans après la rédaction du *Songe*, la célébration des vertus politiques de l'Empereur, qui lui assurent la divinisation posthume, constituera le socle et le programme idéologique du Principat. Le gouvernement des hommes s'évalue alors selon sa conformité avec le bel ordonnancement du cosmos et l'antique analogie entre le microcosme et le macrocosme, ravivée par l'influence des stoïciens, a des usages politiques nouveaux.

C'est oublier pourtant que l'essentiel, dans l'injonction que formule l'ancêtre à son petit-fils, est d'accomplir sa fonction d'homme et de refuser la fuite hors du monde des hommes. Or la loi fixée à l'homme, qui fait de son engagement politique la valeur éthique la plus haute, me paraît confirmer tout ce que la conceptualisation du *probabile* fera progressivement apparaître dans les dialogues qui suivent : l'homme atteint sa parfaite réalisation dans (et malgré) le provisoire, le précaire, le contestable, ce monde exigu, mortel où les actes des hommes s'effacent si facilement de la mémoire des hommes :

> « *Le véritable éclat, c'est la vertu elle-même qui doit te tirer vers lui, en usant de ses charmes propres. Ce que les autres peuvent bien dire sur toi, à eux de voir ; ils parleront de toute façon. Mais tous ces propos sont réduits à l'étroitesse des régions que tu vois, ils n'ont jamais duré sur qui que ce soit : la mort des hommes les ensevelit et ils s'éteignent dans l'oubli de la postérité.* »[3]

Ainsi, voir d'en haut le monde des hommes permet de dire que la vertu politique ne s'apprécie pas en fonction du jugement des hommes : à elle de fixer elle-même, dans une parfaite autonomie de jugement, les normes de son action. Contempler le monde revient, pour l'homme, à apprendre qu'il est libre.

C'est donc en puisant dans la contemplation le principe de sa liberté d'action que l'homme peut prétendre atteindre quelque chose comme cette puissance divine que le latin exprime par *numen*, le pouvoir d'acquiescer :

> « *En aucune autre activité l'excellence humaine ne s'approche aussi près de la puissance des dieux (*numen*) que dans la fondation de nouvelles cités ou la conservation de celles qui sont déjà fondées.* »[4]

3. Cicéron, *Songe de Scipion*, 25.
4. Cicéron, *La République*, 1, 12.

En privilégiant cet axe de lecture, je montrerai ici comment la réflexion sur le politique s'élabore dans un champ distinct de celui que délimite une cosmologie totalisante, chargée de dire l'origine de la cité et d'en fixer les lois, comme le proposent le *Timée* et les *Lois* de Platon après la *République*. On pourrait, il est vrai, dans la lignée de l'interprétation ouverte par Macrobe, chercher dans l'exposé de l'ancêtre de Scipion les éléments d'une science astronomique : mais Cicéron lui fait dire surtout des *mirabilia*, merveilleux objets d'étonnement auxquels les « Grecs », selon la formule très imprécise de l'ancêtre, ont donné des noms. On ne s'en étonnera pas si on donne au récit du songe le même statut que Cicéron a donné au récit de Timée, *probabile* et non pas *uerisimile* : ce qui dépasse ma capacité de connaître, ce à quoi je ne peux donner un statut ontologique m'offre pourtant matière à réflexion et à engagement. S'étonner, admirer, « mettre à l'épreuve », donner son approbation, autant d'approches possibles du monde déployé sous mes yeux.

Cette lecture du *Songe* est préparée par la discussion qu'engagent les interlocuteurs du dialogue, dès le préambule du premier livre, quand ils s'interrogent sur la nécessité de posséder des connaissances en astronomie pour diriger la *res publica*. La question posée dans le préambule à l'occasion d'une éclipse, récemment observée par les interlocuteurs du dialogue, suscite plusieurs types de réponse qui délimitent l'espace de « réception » dans lequel Cicéron pourra faire usage de la réflexion platonicienne.

Scipion commence par refuser d'adopter la position dogmatique de son ami le stoïcien Panétius dont les affirmations pourraient faire oublier que ce qui est

objet d'étude peut à peine être saisi par la conjecture
(1, 15) ; Scipion justifie ses réserves à l'égard des spé-
culations sur la nature en invoquant l'autorité de
Socrate mais son interlocuteur Tubéron lui rappelle
que la tradition qui fait de Socrate un philosophe uni-
quement préoccupé par l'éthique est contredite par le
Socrate de Platon. Scipion résout alors la contradiction en distinguant le Socrate historique et celui à qui
Platon a prêté les connaissances que lui-même avait
acquises auprès des Pythagoriciens (1, 16).

Ainsi engagée, la discussion porte autant sur les
conditions de possibilité des connaissances physiques
que sur l'autorité respective de Socrate et de Platon
sur ce sujet : ce qui attend une réponse, mais n'en aura
pas explicitement, est la question de savoir si l'objec-
tion « rétrospective » que ferait le Socrate historique
aux tranquilles certitudes cosmologiques des Stoïciens
est annulée par le fait que Platon lui-même a dépassé
la position de son maître et montré qu'elle était inte-
nable. Ainsi sont d'emblée esquissés, à travers la
double figure de Socrate, les problèmes d'interprétation de l'héritage platonicien dans un monde où le
stoïcisme connaît une grande diffusion, et cela principalement grâce aux interlocuteurs du dialogue qui
ont admis Panétius dans leur cercle.

L'arrivée d'un nouveau personnage, Lélius, permet
de passer de la question de la possibilité à celle de
l'utilité des connaissances en physique : à Lélius qui
juge inutile d'aborder ces sujets alors que nous
n'avons pas approfondi ce qui concerne la *res publica*,
Philus oppose deux types de réponses ; la première
développe l'image stoïcienne du monde comme mai-
son commune aux hommes et aux dieux, l'autre rappelle que la connaissance du monde, à elle seule, est

source de plaisir (1, 19). La simple superposition, non commentée, de ces deux types de réponses suffit à faire comprendre qu'on ne pourra pas opter pour une cosmologie positive.

Scipion, de son côté, propose une réponse qui permet de prendre en compte à la fois l'intérêt de la *res publica* et l'accomplissement éthique personnel: il y a une utilité politique immédiate à pouvoir utiliser ses connaissances en astronomie pour dissiper la peur qui paralyse ses concitoyens, comme le fit Périclès pendant la guerre du Péloponnèse (1, 25) et de plus, ces connaissances favorisent la méditation sur la petitesse de la gloire humaine dont l'utilité politique et éthique est de grande portée. L'exercice du pouvoir n'a pas pour but le profit et la gloire personnelle, c'est l'acquittement d'une charge (*munus*), la plus haute pour l'homme puisque c'est à travers elle qu'il réalise pleinement son humanité, c'est-à-dire le développement de ce qui le caractérise en propre, la culture, *humanitas* (1, 27-29).

En recentrant le débat sur l'homme et sur le rôle qu'il peut jouer au sein de la communauté politique, Scipion donne les grandes lignes de l'interprétation du songe qu'il racontera au dernier livre du dialogue: on comprend en particulier pourquoi la méditation sur la petitesse de la gloire humaine (6, 20), qui découle de la contemplation des splendeurs du monde, n'entraîne pas un jugement négatif sur les valeurs définies par les communautés humaines.

Au contraire, c'est seulement en pratiquant les deux vertus politiques essentielles, *pietas* et *iustitia*, qu'on peut prétendre atteindre la Voie lactée et non en se croyant dispensé d'accomplir la tâche fixée à l'homme, être le gardien de la terre (6, 15-16). Mais parce que la mémoire des hommes peut être fragile ou ingrate, parce que les cités ne sont pas toujours réglées sur les principes qui ont guidé les ancêtres, il est utile que ceux qui vont consacrer leur vie à la *res publica* puissent dépasser le regard des hommes et puiser leurs forces dans la contemplation du monde. Cette activité de contemplation, plus encore que de connaissance, accompagne donc l'engagement dans la *res publica* : elle ne lui est pas antérieure parce qu'elle ne constitue pas l'étape nécessaire avant l'exercice du pouvoir.

Les meilleurs citoyens évoqués par Cicéron ne sont pas comparables aux « gardiens de la cité » dont Platon a présenté la formation idéale : ils ne retournent pas dans la caverne pour tenter d'y appliquer les connaissances acquises en dehors d'elle, ce sont des hommes parmi les hommes qui, en même temps qu'ils se consacrent sans réserve à la conservation de la *res publica*, tendent leur regard vers le lieu où leur âme aspire à vivre.

Ainsi, de la discussion initiale jusqu'à la « leçon » du *Songe*, une même position épistémologique est défendue : dès lors qu'il n'est pas possible, pour l'homme, de proposer mieux que des conjectures sur le monde, ce serait manquer de rigueur et de cohérence que de construire un modèle à partir d'un « système du monde » ou d'une doctrine cosmologique pour raisonner sur la constitution et les lois les meilleures.

Ce constat, qui vise directement les Stoïciens et leur « cité unique » des hommes et des dieux étendue au monde tout entier, met aussi en cause la démiurgie cosmologique utilisée par Platon pour définir la cité des hommes, dans *La République*, le *Timée* et les

Lois. Mais il ne s'agit pas pour autant d'une critique radicale, plutôt d'une limitation des modèles théoriques qui vise sans doute à contester l'usage dévoyé, parce que dogmatique, qu'en ont fait les stoïciens. La raison de cette réserve méthodique et critique est explicitée dans les œuvres postérieures : ainsi, dans les *Académiques* (2, 118-128), la présentation que Cicéron donne des différentes doctrines physiques élaborées depuis Thalès suffit à indiquer l'ignorance où est l'homme des principes qui régissent l'organisation du monde.

La conséquence de cette position épistémologique est claire : seule une démarche historique est pertinente pour réfléchir à la constitution des cités. On doit observer une société précise évoluant dans des limites temporelles précises pour comprendre comment se forme la cité, comment s'établissent les institutions et s'élaborent les lois. Cicéron procède donc à partir d'une « histoire de Rome » envisagée comme un processus collectif au cours duquel, en des corrections successives, la *res publica* a pris une forme satisfaisante.

Non que Rome représente l'achèvement d'une histoire finalisée, puisque la Rome du dialogue sur *La République* a disparu depuis trois quarts de siècle et que la Rome dans laquelle Cicéron situe le dialogue consacré aux *Lois* est sous la domination des généraux Pompée et César, dont l'affrontement trois ans plus tard en une sanglante guerre civile sera le dernier coup porté aux institutions républicaines. Dans de telles circonstances, le retour sur l'élaboration de la cité et de ses lois vient rappeler aux lecteurs romains tentés de s'en remettre à la loi du plus fort que la *res publica* est l'affaire de tous les citoyens, que l'histoire apprend comment cette *res publica* n'est ni une idée ni une entité abstraite mais la « chose du peuple », *res populi*, suivant la définition proposée par Scipion dans *La République* (1, 39).

La méthode historique permet donc de centrer la réflexion politique sur l'homme, défini principalement comme un être responsable de l'héritage qui lui est transmis, mais responsable aussi de ses choix propres et de leur inscription dans une durée longue :

> « *Avant notre époque, c'était la coutume de nos pères, elle-même, qui faisait appel aux hommes du premier rang et l'antique coutume ainsi que les institutions des ancêtres était maintenue grâce à ces hommes remarquables. Mais notre génération, qui avait reçu un Etat comparable à un tableau de grande beauté, que l'ancienneté pourtant rendait moins précis, a non seulement négligé de le restaurer en lui appliquant les mêmes couleurs qu'il avait auparavant, mais ne s'est même pas souciée de conserver au moins sa forme générale et pour ainsi dire ses traits les plus marqués. (…)*
>
> *Faute d'hommes, les coutumes elles-mêmes ont péri : nous devons non seulement rendre des comptes pour ce désastre mais nous devons plaider comme des hommes accusés d'un crime capital. Car ce sont nos propres défauts, et non un hasard malheureux, qui ont fait que nous n'avons retenu de l'Etat que le nom tandis que nous avons perdu la chose depuis longtemps.* »[5]

En saisissant l'homme dans son historicité, et du même coup sa précarité, Cicéron veut refonder l'éthique et le politique sur les notions et les normes que sont capables de formuler, collectivement et pour

---

5. Propos de Cicéron dans le préambule perdu du livre 5 de *La République* cités par Augustin, *Cité de Dieu*, 2, 21, 67-95.

un temps historique donné, les hommes libres : cette position est particulièrement remarquable quand, au même moment, commence à prévaloir l'idée que le pouvoir politique échoit seulement à des hommes d'ascendance divine qui aspirent à faire coïncider les limites de l'empire romain et celles du monde connu et à transformer ainsi un moment de l'histoire humaine en une donnée immuable et universelle.

Ainsi la méthodologie adoptée n'est pas seulement dans la continuité d'un Aristote, qui n'est ici jamais cité : c'est surtout pour ses implications éthiques que Cicéron privilégie la méthode historique.

L'histoire collective et le façonnement du politique

Malgré l'état très lacunaire du dialogue sur *La République* et l'inachèvement du dialogue consacré aux *Lois*, il n'y a pas de doute sur leur projet et leur méthode communs : dans le premier dialogue, la réflexion théorique sur les différents types de constitution ne suffit pas à rendre raison de la supériorité de la constitution mixte qui associe monarchie, aristocratie et démocratie (1, 69). C'est donc en montrant comment s'est faite, à partir de la fondation de Rome, la progressive réalisation de cet équilibre parfait entre les trois régimes purs que Cicéron choisit de procéder. Dans le second dialogue, le projet de description exhaustive des droits et décrets des peuples (1, 17) fait place à une sélection des lois religieuses et civiles de Rome dont l'interprétation qu'en donne Cicéron montre combien elles sont conformes à ce qui a été préalablement exposé sur la nature humaine.

> « *Caton avait coutume de dire que la constitution de notre cité l'emportait sur celle des autres pour cette raison : chez les autres, ce furent généralement des individus qui ont établi l'Etat par leurs lois et leurs institutions, comme Minos, en Crète, Lycurgue à Lacédémone* [6] *(...) ;*
>
> *Notre Etat, au contraire, n'a pas été établi grâce à l'intelligence d'un seul homme mais de beaucoup d'hommes et cela non pas au cours d'une seule vie d'homme mais pendant de nombreuses générations. Car, disait-il, il n'a jamais existé une intelligence telle que rien ne puisse lui échapper et toutes les intelligences rassemblées en un seul être seraient incapables de pourvoir à tout en un seul moment sans avoir l'expérience de la durée des choses.* » [7]

La *Res publica* est l'œuvre d'un travail collectif : c'est ce que montre la succession des légendaires rois de Rome, selon l'orientation que lui a donnée l'historiographie romaine et que Cicéron reprend à son compte ici :

> « *L'Etat ne s'est formé ni en une seule période ni avec un seul homme ; on voit clairement quel accroissement de biens et d'avantages a produit la succession de chacun des rois.* » [8]

Avec l'acte de fondation par Romulus qui a établi l'enceinte de la cité en s'autorisant des signes donnés par les oiseaux se trouve posé le principe sans lequel aucune décision politique ne vaut : la prise d'auspices. L'enlèvement des Sabines a pour issue l'association

---

6. Minos, roi légendaire de Crète, aurait le premier donné des lois au genre humain ; Lycurgue est également une figure légendaire, à qui Sparte doit ses lois et ses institutions.

7. Cicéron, *La République*, 2, 2.

8. *Ibid.*, 2, 37.

du roi des Sabins au pouvoir, ce qui anticipe la collégialité des deux consuls de l'époque républicaine;
c'est enfin avec l'autorité des meilleurs citoyens, rassemblés en un « quasi-sénat » (2, 15), que Romulus
gouverne. Mais si, dès le premier roi, on peut reconnaître en germe le pouvoir consulaire et le rôle du
Sénat, il faut attendre la sécession de la plèbe sur
l'Aventin, seize ans après la fin de la royauté, pour que
se réalise l'équilibre entre le pouvoir des magistrats,
l'autorité du sénat et la liberté du peuple (2, 57).

En insistant sur la lente élaboration des institutions
républicaines, Cicéron laisse voir le principe général
qui guide sa réflexion politique: aucun homme ne
peut prétendre, par sa seule intelligence, être le
démiurge et nomothète providentiel, pas même le très
sage Numa, ce qui entraîne pour conséquence qu'il
n'est pas non plus possible au philosophe, fût-il
Platon, de construire d'un seul coup le modèle de la
meilleure cité.

La réflexion de Cicéron prend donc la forme de
l'observation du naturaliste:

> « *J'atteindrai plus aisément le but que je me suis fixé
> si je vous montre la naissance, la croissance, la maturité
> solide et assurée de notre Etat plutôt que si je crée moi-
> même de toutes pièces un Etat, comme le fait Socrate
> chez Platon.* »[9]

Toutefois, la méthode adoptée n'implique pas que
l'Etat ainsi considéré soit rigoureusement comparable
à un organisme vivant et mortel parce que Cicéron ne
souscrit pas à la conception platonicienne d'une dégé-

---

9. *Ibid.*, 2, 3

nérescence inévitable. Au contraire, ce qui assure la pérennité de l'équilibre dans la cité est une vertu dont l'efficacité ne peut s'affaiblir, la justice, sans laquelle la *res publica* ne peut être *res populi*, propriété de l'ensemble des citoyens : « (Scipion) tire des définitions qu'il a données que la *res publica*, c'est-à-dire « chose du peuple » n'existe que quand elle est gouvernée selon le bien et le juste » [rapporté par Augustin, *Cité de Dieu*, 2, 21 (=*Rep.* 3, 7)].

S'il n'y a pas de mort naturelle, la conservation de la cité est donc entièrement entre les mains de ceux qui la constituent, en tant que *populus*, et des magistrats dont la fonction est de veiller sur elle grâce à leur prudence (*prudentia*) : à eux de faire prévaloir la justice. Mais il reste à s'entendre sur la définition même du terme et sur les modalités de son application pour la *res publica*.

Sur ce qu'est la justice, sujet de la *République* de Platon, les fragments qui subsistent n'autorisent qu'une reconstitution prudente. Dans sa définition la plus exigeante, la justice est l'harmonie parfaite que font entendre toutes les voix de la cité quand elles cherchent à imiter l'âme des meilleurs citoyens (2, 69) : mais l'analogie entre la cité et l'âme sur laquelle repose toute la *République* de Platon n'est pas autrement exploitée et n'est pas évoquée dans le *Songe*. En outre, le lien que cette analogie favorise, chez Platon, entre l'éducation de l'âme et la réalisation de la meilleure des cités, n'est pas établi : et rien ne dit, dans ce dialogue comme dans celui qui est consacré aux lois, que la description du meilleur citoyen passe par le récit d'une éducation, à la manière de Platon.

Au contraire, à en juger par la perspective choisie dans le livre 2 du dialogue cicéronien et confirmée par quelques fragments, il ne s'agit pas de donner aux citoyens une éducation qui s'écarterait des principes transmis par les Anciens, ceux qu'on se doit de respecter au sein du cercle familial (4, 2-3) : il n'y a donc pas de programme d'éducation « philosophique » destiné à former à la véritable justice.

Il n'est alors pas étonnant que la justice soit entendue principalement comme le respect des lois et des obligations fixées par les institutions dans l'intérêt du bien commun. Mais qu'est-ce que le bien commun ? Englobe-t-il l'intérêt particulier ou le contredit-il ? Et la considération du bien commun de la cité ne peut-elle entraîner l'injustice à l'égard des autres cités ?

> « *La sagesse ordonne d'accroître nos ressources, d'augmenter nos richesses, d'étendre plus loin nos frontières (...), d'exercer notre pouvoir sur le plus grand nombre d'hommes possible, de jouir des plaisirs, d'être puissant, de régner en maître ; la justice au contraire nous prescrit d'épargner tous les hommes, de veiller sur le genre humain, de rendre à chacun son dû, de ne pas toucher aux richesses d'autrui (...)*
>
> *Et notre peuple, que Scipion hier nous a présenté depuis son origine et qui exerce son pouvoir sur le monde entier, est-ce en se conformant à la justice ou à la sagesse qu'il <est devenu le plus grand> alors qu'il était le plus petit ?* »* [10]

Ces arguments, empruntés pour une grande part à Carnéade, font entendre au centre du dialogue un écho décalé de la discussion qui oppose, chez Platon, Glaucon et Adimante à Socrate. Cicéron rappelle que

10. *Ibid.*, 3, 22.

ces critiques ont été adressées à des fins dialectiques par Carnéade, dans une construction *in utramque partem*, pour montrer que ni Platon, ni Aristote, ni Chrysippe n'ont su étayer de manière irréfutable leur thèse sur l'excellence absolue de la justice (3, 8-10). Or ces critiques sont utilisées ici de telle sorte qu'elles ont des conséquences plus décisives sur la construction d'ensemble du dialogue cicéronien : en montrant par de nombreux exemples tirés des pratiques impérialistes romaines que la justice s'oppose à la sagesse – au lieu d'en constituer l'un des aspects –, Cicéron (à travers Philus, porte-parole de Carnéade) donne une autre signification aux éloges décernés dans le livre précédent aux grands fondateurs des institutions romaines pour leur sagesse et leur prudence. C'est donc bien plutôt grâce aux savants calculs de l'intérêt que, dans leur sagesse avisée, les hommes qui ont successivement élaboré les institutions ont donné sa stabilité à la *res publica*. Du même coup, la définition du « meilleur citoyen », qui constitue le second sujet du dialogue, est par avance affectée d'une critique potentielle : la sagesse des chefs d'Etat, dont le but est d'assurer à leurs concitoyens une vie heureuse, faite de « richesses, de gloire et de vertu » (5, 6), peut ne pas coïncider avec la justice.

Ces salutaires mises en garde conduisent à conclure que la justice qui donne à la cité son équilibre durable et à la *res publica* sa légitimité représente plutôt un idéal à atteindre que la condition nécessaire à sa formation ; et si l'individu qui la cultive est assuré, dans le « songe » de Scipion, d'accéder ainsi à la Voie lactée, le caractère hypothétique – et exceptionnel – d'une telle destinée suffit à montrer combien la pratique de la justice représente elle aussi un idéal à

atteindre, terme d'une éducation de l'âme que les fragments qui subsistent du dialogue n'explicitent pas. Or la
mort de Scipion sous les coups de ses adversaires politiques est l'événement par rapport auquel est orientée
toute la mise en scène du dialogue sur *La République*:
c'est dire sans ambiguïté que Rome n'a pas connu
l'équilibre durable que lui aurait garanti la justice.

A défaut, Rome a des lois qui fixent l'usage que les
magistrats doivent faire de l'*imperium* et qui prescri-
vent aux citoyens les modalités de l'obéissance. Dans
le dialogue sur les *Lois*, conçu comme le complément
du dialogue sur *La République* (*Leg.*1, 15), sont explicitées les conditions qui permettent à la cité d'exister
et de se maintenir : les magistrats, « lois qui parlent »
(*Leg.*3, 2), doivent exercer le pouvoir en se rappelant
qu'ils devront obéir à leurs successeurs au terme de
leur mandat tandis que tout citoyen sait que l'obéissance aux lois le rend digne de commander un jour
(*Leg.*3, 5).

La mobilité des fonctions dans la constitution
mixte, celle que Scipion avait présentée comme la
meilleure dans le dialogue précédent, permet ainsi de
garantir le respect des lois. On constate que cette
garantie ne vient pas des principes généraux sur lesquels Cicéron avait tenté de fonder les lois. La raison
en est explicitée par le déroulement même de l'entretien entre Quintus, le frère de Cicéron, Atticus, son
ami et Cicéron lui-même rapporté au premier livre :
après avoir affirmé qu'il faut chercher les principes de
la loi au cœur même de la philosophie et, pour expliquer la nature du droit, partir de la nature de
l'homme (*Leg.*1, 17), Cicéron laisse apparaître progressivement qu'il est impossible de s'appuyer sur des
principes fermes et incontestables.

La nature humaine a bien été célébrée pour ses capacités rationnelles (L.1, 28) qui lui permettent de reconnaître dans la loi l'expression de la raison (L.1, 19). Toutefois, la forme même de l'éloge que Cicéron utilise pour décrire la spécificité de la nature humaine ainsi que l'image des « semailles d'âme » empruntée au *Timée* de Platon pour rappeler la parenté de l'homme avec les dieux (L.1, 24) suffisent à indiquer qu'on a affaire, non pas à une description, mais à une prescription éthique.

Les fondements philosophiques sur lesquels celle-ci repose ne sont pas discutés, comme le souligne Cicéron lui-même dans sa mise en scène : Atticus l'épicurien ose accepter l'idée que la nature est régie par la volonté des dieux comme un postulat très provisoire (et en profitant du vacarme que font les oiseaux pour ne pas être entendu (L.1, 21)) tandis que les objections que pourraient faire les Académiciens comme Carnéade sont courtoisement congédiées (L.1, 39). Enfin, la question essentielle du souverain bien est traitée comme l'objet de controverses non résolues (L.1, 52-56) , ce qui laisse en suspens l'éthique susceptible de guider l'homme vers la sagesse, véritable source de la loi (L.1, 58) : dans ces conditions, il faut se contenter d'observer la nature des hommes, telle que les coutumes l'ont façonnée, si l'on veut trouver les lois les mieux adaptées.

La méthode consiste ici à partir de ce que les hommes ont déjà édifié pour réfléchir à ce qu'est une loi : tout texte écrit et voté comme loi n'est pas une loi, pas plus qu'un remède prescrit par un incapable n'est un remède (2, 13). Les lois sont ainsi sélectionnées en fonction de deux critères : leur capacité à assurer le maintien de l'équilibre politique et leur capacité à réformer les mœurs (3, 28-29). Ces deux critères découlent de la conception platonicienne de la loi comme médication (2, 13) : les lois les mieux accordées à la *res publica* du dialogue précédent ont la meilleure efficacité curative et pédagogique. Pour assurer la bonne santé des citoyens et avec elle le salut de la cité (L.1, 37) il faut donc que la loi prenne en considération ce dont souffre potentiellement l'ensemble du corps civique ou une partie seulement.

Un exemple en est fourni avec le cas des « lois tabellaires », ces lois qui permettaient de voter à bulletin secret. Le frère de Cicéron, Quintus, s'étonne que dans son projet législatif Cicéron conserve ces lois qu'il désapprouve lui-même, comme s'il n'avait pas la liberté d'établir ce qui est le meilleur pour la cité et devait tenir compte seulement de ce qu'il est possible d'obtenir du peuple (L.3, 37).

La réponse de Cicéron se fait sur trois plans : tout d'abord, dit-il, ces lois étaient nécessaires pour éviter la brigue. Et même si l'on constate qu'elles ne sont pas parvenues à l'empêcher totalement, il est une autre raison de les conserver : elles sont le garant de la liberté du peuple. Enfin, alors que la proposition de Cicéron comporte la clause restrictive que les tablettes de vote doivent être montrées « aux meilleurs citoyens », la justification qu'il donne de cette clause vise plus directement la préservation de l'équilibre politique : « on donne une apparence de liberté, on maintient l'autorité des gens de bien, on supprime la cause des conflits. » (1, 39)

Ainsi la loi est évaluée du point de vue de son efficacité pratique sans considération prioritaire pour des principes d'où elle découlerait : plutôt qu'une forme de réalisme il faut voir là, encore une fois, la volonté

de prendre en compte « les hommes tels qu'ils sont »
pour mieux consolider les liens qui créent et maintiennent le *populus*, corps civique. C'est pourquoi,
comme le recommande Platon dans ses *Lois*, il faut
renforcer l'efficacité des lois en les faisant précéder
d'un préambule destiné à persuader les hommes de la
valeur de la loi.

Or le préambule que Cicéron place en tête de
l'énoncé des lois religieuses et civiles (2, 14-16) a ceci
de remarquable qu'il privilégie, pour mieux persuader, l'appel à une conviction intime sans aucunement
faire référence à un savoir constitué et maîtrisé. Ainsi,
ce qui est nécessaire pour garantir les serments, les
traités, et jusqu'au lien social entre les citoyens, n'est
pas présenté comme sûr mais comme ce qui est au
moins utile si ce n'est vrai : les dieux gouvernent le
monde, y exercent la justice et, dans leur providence
à l'égard du genre humain, ils tiennent un compte
exact des actes de chacun.

Objet de persuasion, et non de science, l'idée que
la justice divine s'exerce dans le monde conserve
jusque dans le préambule aux lois un statut épistémologique qui ne dépasse pas les limites fixées par le
concept de *probabile*. La cité des hommes doit donc
être constituée, maintenue, dirigée selon des principes
et des normes qui ne surgissent pas d'un ciel ordonné
mais que la collectivité élabore dans le débat et le
conflit : rudes et périlleuses leçons de l'histoire, seul
champ d'action pourtant où se déploient l'excellence
de l'homme et ce qu'il y a de divin en lui.

L'homme doit donc vivre sans pouvoir statuer sur
le divin : cette position radicale et exigeante est définie
encore plus fermement dans les trois dialogues que
Cicéron consacre à des « questions de physique »,

dans lesquels la critique qu'il fait du providentialisme stoïcien lui permet de donner sa pleine extension à l'autonomie de l'homme. Il s'agit ainsi de définir une éthique de la volonté dans un monde où non seulement tout ne porte pas la marque d'une rationalité providentielle mais où, surtout, le hasard est scientifiquement concevable.

« Contre les physiciens »

Le débat mené dans le dialogue sur *La Nature des dieux* s'ouvre sur une question qui reprend précisément ce qui constituait le préambule à la loi :

> « *La grande question, dans cette affaire, est de savoir si les dieux ne font rien, ne s'occupent de rien, sont exempts de toute charge dans le gouvernement du monde, ou si au contraire ce sont eux qui, dès l'origine, ont fait et établi toutes choses et qui les dirigent et les font mouvoir pour une durée illimitée.*
> *Tel est le principal et le grand désaccord : si on ne le tranche pas, l'humanité sera nécessairement dans l'incertitude la plus complète et ignorera tout des sujets les plus graves.* » *(1, 2)*

Ces sujets concernent tous les conditions mêmes de la vie en société : penser, comme les épicuriens, que les dieux ne se préoccupent nullement des affaires humaines, n'entraîne-t-il pas nécessairement la disparition des liens de piété et avec eux la bonne foi et la justice ? (1, 3). La question restera en suspens puisque Cicéron lui-même, qui intervient à la fin du dialogue dont il ne fut qu'un auditeur, n'en conclut pas pour autant qu'il faut accepter la théologie stoïcienne : il se contente de juger l'exposé présenté par l'interlocuteur stoïcien comme « le plus proche de la vraisemblance » par rapport à celui de l'épicurien (*Nat.*3, 95). Cet exposé met surtout en valeur la beauté du monde, celle du règne animal et humain, et la générosité de la nature à l'égard des hommes, autant de points qui ne constituent pas l'objet de débat dans le dialogue.

En revanche l'idée que le monde est organisé selon une raison providentielle est soumise à des critiques approfondies : c'est rappeler encore une fois que la *prudentia* des hommes ne peut prendre appui sur la *prouidentia* qu'on pourrait voir à l'œuvre dans le monde et que l'activité qu'on a prêtée aux dieux en leur appliquant le vocabulaire de la prévoyance des bons gouvernants (*consulere*) ne peut pas, en retour, constituer le modèle de l'activité politique.

Le premier niveau de critique porte sur l'idée que la raison est nécessairement providentielle : Cicéron développe, à partir de Carnéade, les arguments montrant que la raison n'est pas nécessairement un bon démiurge mais très souvent, au contraire, un principe de destruction (3, 66-78). Se trouvent ainsi visés les fondements mêmes sur lesquels prend appui la thèse de la rationalité du monde : l'observation que les stoïciens eux-mêmes ont faite de la puissance destructrice de la raison humaine ne permet pas de garantir que la raison à l'œuvre dans le monde, qui est exactement de même nature, est exclusivement orientée vers la conservation ; au contraire, le malheur des bons et la prospérité des méchants, dont l'histoire fournit tant d'exemples, montrent que s'il y a une organisation rationnelle du monde, ou un gouvernement divin, ce n'est certainement pas une providence soucieuse des hommes (3, 85).

Dans les deux œuvres qui suivent, *La Divination* et le *Traité du destin*, Cicéron va plus loin et conteste radicalement les conséquences que tirent les stoïciens de l'omniprésence de la raison providentielle dans le monde : il n'y a pas de divination parce qu'on ne peut admettre cet enchaînement nécessaire et inéluctable de causes que les stoïciens appellent le destin.

La critique du stoïcisme permet à Cicéron de préciser les conditions dans lesquelles s'élabore pour l'homme la réflexion politique et éthique, conditions qui fournissent la seconde raison pour exclure l'hypothèse d'un modèle divin de l'activité politique : l'homme vit sa vie de citoyen dans une autonomie radicale à l'égard du divin, en ce sens que le « soupçon » qu'il peut concevoir de l'existence des dieux et l'aspiration qui le pousse à aller au-delà de lui-même n'interfèrent absolument pas avec sa vie au sein de la communauté politique. Cicéron souligne avec force cette autonomie en montrant systématiquement que toutes les techniques de divination employées à Rome, loin d'être la preuve que les dieux envoient aux hommes des signes, reposent sur une compréhension superficielle, ou complètement fausse, des lois de la nature et de la science des « physiciens » : au mieux ces techniques doivent être conservées dans l'intérêt de l'Etat, comme c'est le cas des auspices, au pire il faut les rejeter comme des pratiques superstitieuses de charlatans.

Les stoïciens ont eu le tort de vouloir tirer des pratiques romaines une confirmation de leur doctrine, qui déduit de l'existence des dieux la capacité des hommes à prédire et à connaître à l'avance des événements, suivant la définition que donne Quintus de la divination (*Diu.* 1, 9) : Cicéron vise au contraire à dissocier la croyance en l'existence des dieux de toutes les pratiques divinatoires pour mieux la préserver

(*Diu.* 2, 148) et maintient seulement pour des raisons institutionnelles et politiques deux techniques divinatoires utilisées officiellement à Rome, l'observation du vol des oiseaux (*auspicine*) et des entrailles des animaux (*haruspicine*).

En tant que membre du collège des augures, dont la fonction est de contrôler la régularité de la prise d'auspices, Cicéron précise qu'il ne prétend pas prédire l'avenir en observant les oiseaux mais que l'autorité du collège des augures, consolidée par la tradition qu'on fait remonter à Romulus, joue un rôle important dans la conduite de la vie politique (*Diu.* 2, 70-75). Il suffit en effet que soit annoncé un éclair à gauche pour que soit empêchée par les augures la réunion de l'assemblée du peuple, ce que Cicéron analyse comme une sage mesure politique, prise « dans l'intérêt de l'Etat, afin que les premiers de la cité soient les interprètes de l'assemblée du peuple lors des procès, des votes de lois et des élections de magistrats » (2, 74).

Technique humaine, instrument de contrôle politique, la divination n'est pas le signe que les dieux sont présents mais elle n'est pas non plus un art conjectural comme la médecine : malgré tous les efforts de Quintus pour montrer que la divination repose sur l'accumulation des observations, qui conduisent à repérer les enchaînements entre signes et événements (1, 109), et pour préciser que le signe est une aide que les dieux envoient à l'homme parce qu'il n'est pas capable de percevoir les causes des choses à venir (1, 127), la critique de Cicéron est radicale. Seule la recherche scientifique des causes, qui permet l'explication rationnelle d'un événement (2, 60), peut constituer une science de la nature et non les rêveries des stoïciens qui, au nom de la « sympathie universelle », voient des liens entre un œuf et un trésor (2, 142), entre la nature tout entière et un profit individuel (2, 33). C'est que les lois de la causalité ne sont pas réductibles au destin, défini comme « cause éternelle en vertu de laquelle le passé a eu lieu, le présent se produit et l'avenir aura lieu » (1, 126) et dont Cicéron peut aisément montrer qu'il est l'obstacle à une science de la nature rigoureuse et à la liberté de l'homme.

Ces deux lignes d'argumentation contre la conception stoïcienne du destin sont reprises et développées dans le *Traité du destin*, dont il ne reste que des bribes, à moins qu'il ne s'agisse d'une version inachevée : en tout cas, Cicéron y articule clairement la critique qu'il a déjà ébauchée, dans le dialogue précédent, sur le plan de la physique, avec les conséquences qu'une telle conception de la nature entraîne sur le plan logique et sur le plan éthique.

Dans cette perspective, l'analyse de la causalité a une place essentielle pour introduire le « fortuit » et avec lui la possibilité de l'acte volontaire dans l'enchaînement des événements :

> « *Il n'est pas vrai que, si toute énonciation est ou vraie ou fausse, il s'ensuit immédiatement qu'il existe des causes immuables et éternelles qui empêchent une chose d'arriver autrement qu'elle ne doit arriver. Il existe des causes fortuites qui font que cette proposition est vraie :* « *Caton viendra au sénat* » *et ces causes ne sont pas contenues dans le système ordonné de la nature.* »* [11]

---

11. Cicéron, *Traité du Destin (De Fato)*, 28.

Cicéron refuse donc que l'on passe du strict principe de causalité, le seul acceptable, selon lequel tout événement a une cause, à un fatalisme qui consiste à ajouter aux causes naturelles des causes « adjuvantes » qui sont elles-mêmes insérées dans la trame serrée du destin. En définissant la cause comme « ce qui produit effectivement ce dont elle est la cause » (*Fat.* 34), Cicéron refuse aux stoïciens que tout ce qui vient avant un événement en est la cause :

> « *Le fait que je suis descendu au Champ de Mars n'est pas la cause que j'ai joué à la balle ; Hécube n'a pas été la cause de la ruine de Troie pour avoir enfanté Alexandre, pas plus que ne le fut Tyndare du meurtre d'Agamemnon pour avoir engendré Clytemnestre.* »[12]

Contre une telle approche de la causalité, qui se distingue mal de la pensée tragique, Cicéron recourt à l'argument de Carnéade contre Chrysippe :

> « *Si tout se produit sous l'effet de causes antécédentes, tout se produit suivant l'entrelacement et le tissage de liaisons naturelles ; s'il en est ainsi, c'est la nécessité qui produit tout ; si cela est vrai, il n'y a rien en notre pouvoir. Or il y a quelque chose en notre pouvoir. Mais si tout se produit sous l'effet du destin, tout se produit sous l'effet de causes antécédentes ; donc tout ce qui se produit ne se produit pas sous l'effet du destin.* »[13]

C'est donc parce que l'homme, par la seule perception psychologique interne des mouvements volontaires de son esprit, sait qu'il y a quelque chose en son pouvoir que la doctrine stoïcienne du destin

12. *Ibid.*, 34.
13. *Ibid.*, 31

peut être réfutée ; on ne peut savoir si Carnéade avait construit son argument à seule fin de réfuter les stoïciens, pour leur montrer que leur conception des « choses qui dépendent de nous » était en contradiction avec la doctrine du destin, ou bien s'il entendait partir positivement de l'homme, de la conscience qu'il a de sa liberté, pour contester les implications de la physique stoïcienne.

Il est clair en tout cas que telle est bien là la position de Cicéron : la question de la physique se trouve ainsi appréhendée autrement, d'une manière qui la subordonne à l'homme qui est à la fois sujet éthique, auteur d'actes volontaires, mais aussi observateur scientifique, habitué à constater que l'ordre de la nature admet également le hasard comme principe d'explication causale.

Le soupçon du divin

Des constats répétés que l'homme curieux de sciences peut faire, il ne résulte pas cependant un ensemble raisonné de connaissances sûres : en rappelant à maintes reprises comme est restée profonde l'obscurité de la nature, Cicéron dénonce l'échec de tous les discours précédemment tenus par les « physiciens » mais il indique aussi qu'à défaut d'un savoir prétendant porter sur l'ensemble de la nature, l'homme peut mettre au point des méthodes valables au moins pour des champs d'observation limités : médecine, histoire naturelle, astronomie, agronomie permettent de mener des investigations rigoureuses, aussi fragmentaires soient-elles. (*Ac.* 2, 122 ; *Fin.* 5, 10).

Cette position s'éclaire d'autant mieux qu'on la replace dans l'histoire de la philosophie : les manières « présocratiques » de donner l'explication du monde ont disparu, tout comme les mythes et autres récits « vraisemblables » forgés par Platon pour rendre compte des liens de l'homme avec le monde. Les sciences de la nature telles que l'école d'Aristote en a défini les objets, les méthodes et les champs d'application ont par avance dévalorisé des physiques « systématiques » comme celles des stoïciens et des épicuriens qui prétendent proposer une explication simple et unitaire du monde.

Dans ces conditions, on comprend que Cicéron refuse de lire le *Timée* de Platon comme l'ont fait les premiers académiciens ou son maître Antiochus d'Ascalon : le récit vraisemblable ne peut se transformer en doctrine pas plus qu'il ne peut devenir rétrospectivement la matrice de la physique stoïcienne. Tout en étant très conscient du rôle qu'a joué le *Timée* dans l'histoire de la philosophie, rôle qu'il souligne lui-même à travers la construction des exposés doxographiques qu'il présente (*Ac.* 2, 118-128 ; *Nat.* 1, 18-41), Cicéron traduit le texte, comme on l'a vu au premier chapitre, d'après l'orientation fournie par le concept de *probabile*.

Mais la limitation que le concept exerce dans le champ du savoir n'atteint pas le désir de la contemplation, véritable nourriture pour l'homme que ses yeux ont naturellement disposé à regarder au-dessus de lui ; or c'est précisément sur cet éloge des yeux, source de notre appétit de connaître d'où est née la philosophie que Cicéron a choisi de terminer sa traduction du *Timée* (47b), suggérant par ce découpage ce que confirment ses autres œuvres : s'il ne peut être l'objet d'une science physique incontestable, s'il n'est pas non plus cette totalité englobante au sein de laquelle l'homme trouve la place et les normes de son action, le monde est en tout cas offert à la contemplation. C'est seulement à partir de cette contemplation que les hommes peuvent « soupçonner » (*suspicari*) l'existence de principes divins et hiérarchiser les valeurs de la communauté humaine. Le soupçon du divin repose sur une inférence simple qui permet aussi à l'homme de soupçonner en lui un principe divin :

> « *Bien que tu ne voies pas l'esprit de l'homme, de même que tu ne vois pas dieu, pourtant, de même que tu reconnais dieu d'après les œuvres qu'il a réalisées, tu dois de même reconnaître l'essence divine de l'esprit d'après la mémoire dont il est capable, l'invention, la rapidité avec laquelle il se meut et la beauté dont rayonne la vertu.* »[14]

C'est donc à partir de l'éblouissement que provoque la vue du monde mais aussi à partir de l'admiration que l'homme peut avoir pour ses propres capacités que se forme le soupçon du divin auquel l'homme a sa part : loin d'écrire une éthique de l'humilité pour un homme incapable de connaître le divin, Cicéron prend appui sur la conscience intime et spontanée que l'homme a de ses capacités pour développer une éthique de l'autonomie qui se construit sans avoir besoin de certitudes.

Ainsi, à propos de l'immortalité de l'âme et du lieu de son séjour, les « preuves » que le grand-père de

---

14. Cicéron, *Tusculanes*, 1, 70.

Scipion emprunte à l'argumentation du *Phèdre* ont
une force limitée : lorsqu'elles sont réutilisées dans les
Tusculanes (1, 53-55), elles sont invoquées au cours
d'une longue énumération qui fait valoir la supériorité
de deux autres types d'argument. Le premier consiste
à prendre appui sur l'ancienneté et la grande diffusion
de la croyance en l'immortalité qu'attestent les rituels
funéraires ; le second repose sur l'inférence précédemment citée que l'homme construit à partir des
« œuvres » divines offertes à son admiration.

L'importance accordée à ces deux types d'argument
par rapport aux preuves générales tirées de l'automo-
tricité de l'âme suffit à rappeler la position épistémologique de Cicéron : les principes auxquels ont recours
les physiciens ne peuvent être considérés comme des
vérités incontestables tandis que les croyances collec-
tives et l'inférence qui conduit à supposer l'existence
d'un principe supérieur aux réalisations que l'œil per-
çoit révèlent au moins une disposition commune à tous
les hommes qui les pousse à doter l'homme d'une
nature différente de celle des animaux. Cette disposition commune ne vaut certainement pas comme vérité,
ni même comme vraisemblance ; elle renvoie en
revanche à la sphère d'application du *probabile*, la seule
où l'homme puisse se situer.

Dans cette perspective, on comprend que la pro-
messe d'immortalité du songe n'excède pas les limites
que l'homme a fixées lui-même : il y a en lui un principe divin, potentialité qui ne se révèle que dans l'activité. Seul le développement de ce potentiel, au sein
de la communauté politique qui offre la meilleure
occasion à l'excellence, peut hisser l'homme jusqu'à
la plénitude dont le mouvement régulier des astres lui
fournit l'image.

Macrobe louait Cicéron d'avoir conservé avec génie le plan suivi par Platon dans son livre sur la république, où le premier rang accordé à la justice est confirmé par la récompense accordée aux âmes justes ; au terme de la lecture proposée ici, on peut dire plutôt que Cicéron a montré l'impossibilité de fonder les valeurs éthiques et politiques sur une représentation stable du monde et du divin. S'il n'y a pas de principe de détermination à chercher ailleurs que dans la liberté de l'homme, l'homme a la pleine et entière responsabilité, individuellement et collectivement, des valeurs reconnues et célébrées dans l'espace politique : c'est aussi la raison pour laquelle, comme on va le voir dans le prochain chapitre, le sujet éthique est le résultat d'une construction individuelle, d'un façonnement de soi au sein d'une communauté d'hommes et non pas une âme en transit dans un monde qui n'est pas le sien.

IV

Portrait de l'homme en artiste

L'éthique politique circonscrite par le *munus humanum* est aussi une éthique de la personne. On verra ici comment Cicéron construit, à partir de *persona*, ce que la postérité philosophique utilisera comme concept: la construction se réalise quand Cicéron « déplace » deux images auxquelles les stoïciens ont donné une place prépondérante dans la formulation de leur doctrine éthique, l'image du « rôle » que l'homme joue tout au long de sa vie, comparable en cela à un « artiste ». Mais si l'éthique esquissée dans l'œuvre de Cicéron est une véritable esthétique, ce n'est pas cependant à la manière de l'éthique stoïcienne qui impose à l'homme de vivre conformément à une Nature artiste, source et norme de la moralité parfaite. C'est une esthétique parce que l'homme se façonne lui-même à partir des matériaux qui lui sont propres, le corps et la raison mus ensemble par le goût

de découvrir, d'enrichir la palette des sensations et
des expressions ; c'est une esthétique, enfin, parce que
les relations avec les autres, de la simple sociabilité à
l'amitié la plus fidèle, sont le lieu et l'occasion de
déployer toutes les nuances du sentiment et des
affects et qu'elles contribuent, pour ces raisons
mêmes, à achever le façonnement personnel que
l'homme n'a pas cessé d'accomplir sur lui-même.

Dans ce façonnement de soi, l'appartenance à une
communauté politique et sociale précise joue un rôle
déterminant : c'est ce que fait voir de manière frap-
pante l'agencement des questions éthiques dans le
dialogue *Des termes extrêmes*, dans les entretiens des
Tusculanes, dans le traité sur *Les Devoirs*. La réflexion
de Cicéron sur la nature de l'homme, les règles de
conduite, la quête du bonheur procède en effet à partir des données politiques et culturelles romaines
parce qu'un homme se définit par une cité, une éducation, une histoire. Cette éthique pensée et écrite en
termes romains n'a pas plus de prétentions à l'univer-
salité que ne peut en avoir, comme on l'a vu dans le
précédent chapitre, la réflexion sur la *res publica* : ce
n'est donc pas en observant l'enfant nouveau-né que
Cicéron part à la recherche d'une nature humaine qui
serait commune à tous. Au contraire, il privilégie tout
ce qu'il y a de « construit » dans l'homme, en retra-
vaillant, pour lui donner un statut conceptuel précis,
la métaphore usée du masque de théâtre. C'est au
cours de cette réélaboration que Cicéron circonscrit
le sujet éthique.

Persona : le sujet éthique dans le champ d'action du *probabile*

Dans le traité qu'il rédige à l'intention de son fils, *Les Devoirs*, Cicéron développe, en s'inspirant explicitement du stoïcien Panétius, une analyse des différents aspects de l'*honestum* pour mieux définir chaque catégorie de devoirs. L'un des aspects de l'*honestum* est le « convenable », ce qu'il convient de faire (*decorumdecet*) ; or Cicéron, loin d'écrire un « traité des convenances », aborde en posant la question du « convenable » la définition de la personne.

> « *La question du convenable couvre un large champ : les philosophes la traitent habituellement quand ils traitent des devoirs (…), les grammairiens à propos des poètes, les orateurs, pour chaque genre et chaque partie des causes.* »[1]

Ces trois types de réflexion sur le convenable, éthique, esthétique et rhétorique, sont ici distinguées dans le contexte immédiat d'une définition des tâches de l'orateur idéal : il faut pourtant les appréhender ensemble pour mesurer dans toute son extension ce qu'apporte Cicéron à la définition du sujet éthique.

Le « convenable » n'est pas une norme universelle : c'est ce qui est le plus digne de ce que nous sommes. Or que sommes-nous ? Des êtres rationnels, ce qui nous distingue des bêtes, mais aussi et surtout des caractères, différant chacun les uns des autres (*Off.* 1, 107-114). A cela s'ajoute le statut social que le hasard nous a donné ainsi que les goûts, nourris ou non dans une tradition familiale, qui nous poussent à choisir telle ou telle voie (*Off.* 1, 115-121). Pour désigner

---

1. Cicéron, *L'Orateur*, 72.

chacun de ces quatre aspects sous lesquels l'homme peut être appréhendé, Cicéron utilise un terme dont la postérité, dans la langue française et dans l'histoire de la philosophie, occulte la puissance métaphorique : *persona*, le masque, le rôle joué au théâtre.

On dira que le concept d'individu, qu'on fait remonter aux emplois cicéroniens du mot *persona*, gagne à laisser de côté la métaphore usée ; on dira que la langue latine classique cautionne déjà des usages non métaphoriques de *persona*, qu'il s'agisse de la personne juridique ou de la personne grammaticale. Mais à moins de croire que l'évolution d'une langue coïncide avec la conquête de l'abstraction, on doit prendre au sérieux l'entreprise de « réactivation » permanente de la métaphore : le déplacement que Cicéron fait subir à cette image usée, et particulièrement exploitée par les stoïciens, suffit à montrer ce qui est en jeu et que ne permet pas le mot grec *prosôpon*, dont les emplois se limitent à dire le masque. Avec *persona* Cicéron crée un concept qui permet de penser la construction de soi.

Quand les stoïciens évoquent le « rôle » que l'homme est tenu de jouer, c'est pour mettre en avant l'acceptation de la dramaturgie écrite par la Nature : dans la durée, quelle qu'elle soit, qui lui est impartie, l'homme jouera au mieux le rôle que la Nature lui a confié.

> « *Souviens-toi que tu es acteur d'un drame que l'auteur veut tel : court, s'il le veut court ; long, s'il le veut long ; si c'est un rôle de mendiant qu'il veut pour toi, même celui-là joue-le avec talent ; de même si c'est un rôle de boiteux, de magistrat, de simple particulier. Car ton affaire, c'est de jouer correctement le personnage qui t'a été confié ; quant à le choisir, c'est celle d'un autre.* »[2]

2. Epictète, *Manuel*, 17, trad. J. Pépin.

Au contraire, d'après l'usage que Cicéron fait de la métaphore, on voit aisément que le dramaturge c'est l'homme lui-même, qui choisit pour lui la vie et le rôle les mieux adaptés à ce qu'il est capable de faire : pas de soumission à une dramaturgie cosmique mais au contraire une création qui prend appui sur ce que l'homme a de plus singulier, ce qui ne se réduit ni à son appartenance aux vivants doués de raison, ni au respect des valeurs familiales et civiques. C'est en effet sa manière d'être, avec charme, humour ou au contraire sévérité, en un mot tous les traits qui révèlent un homme à travers ses relations avec les autres qui doit le guider dans le choix des conduites :

> « *Chacun doit conserver non pas ses défauts mais ce qui lui appartient en propre afin de pouvoir maintenir plus facilement cette* « *convenance à soi* » *(*decorum*) sur laquelle nous réfléchissons. Il faut en effet agir de telle sorte que, sans rien tenter contre la nature commune à tous, et tout en la conservant, nous suivions pourtant notre nature propre qui consiste à évaluer les motivations qui nous poussent à agir d'après la règle de notre nature quand bien même il y aurait des motivations plus solides et meilleures.* »[3]

C'est cette règle qui permet d'expliquer le suicide d'un Caton : or l'exemple est d'autant plus remarquable qu'il transforme la signification du geste dont les stoïciens ont fait l'exemple éthique par excellence. Au lieu de souligner par l'acte de Caton que la vertu est le seul bien, que la liberté morale est inaliénable, Cicéron montre combien ce geste fut adapté à sa nature propre, à sa *grauitas* :

3. Cicéron, *Les Devoirs*, 1, 110

> « Et cette diversité des natures a tant d'importance que
> parfois, tandis que l'un doit décider de se donner la mort,
> un autre, dans la même situation, ne le doit pas. M. Caton
> se trouvait-il dans une situation différente de celle où se
> trouvaient ceux qui, en Afrique, se livrèrent à César ? On
> aurait pourtant reproché à tous les autres leur suicide au
> motif que leur vie avait été plus douce et leur caractère plus
> conciliant. Caton au contraire, que la nature avait doté
> d'une fermeté exceptionnelle qu'il avait lui-même renfor-
> cée en faisant preuve d'une constante cohérence, mainte-
> nant toujours les résolutions prises, devait mourir plutôt
> que de tourner les yeux vers le visage du tyran. »[4]

A chacun ainsi de définir les normes de son action :
la variété des conduites possibles et admirables provient de la variété des natures. En éthique aussi, dit
Cicéron, il faut penser à partir de la diversité.

Ainsi, contre le rétrécissement ascétique prôné par
les stoïciens et par les épicuriens, qui ont réduit
l'éthique à quelques sèches prescriptions uniformi-
sant les conduites, Cicéron prend en compte la variété
infinie qui compose la communauté des hommes ;
mais il ne s'agit pas de s'en tenir à une morale « mon-
daine », à l'usage des masques divers que la vie sociale
impose de porter, comme celle qu'on trouvera dans le
classicisme français. C'est que *persona* ne désigne pas
ce qui cache, ce qui « masque », mais au contraire ce
qui permet d'appréhender comme une cohérence et
une totalité un ensemble de comportements. Que la
cohérence soit d'abord esthétique ne la disqualifie
pas, bien au contraire, du point de vue éthique : la
meilleure adaptation à soi-même est celle qui fixe la
justesse des actes et des conduites.

4. *Ibid.*, 1, 112.

Ni jouer, ni forcer le trait, comme le fait comprendre la comparaison dissymétrique entre l'acteur qui, lui, porte un masque emprunté à un autre et l'orateur, source et garant (*auctor*) de la *persona* qui lui est propre : « je ne joue pas suivant le masque emprunté à un autre, je peux répondre du mien » dit l'orateur Antoine dans le dialogue *De l'orateur* (2, 194). Pour cette raison, l'orateur « révèle » la vérité quand l'acteur ne peut que l'imiter (3, 214).

En opposant acteur et orateur, Cicéron n'oppose pas le masque à la vérité, puisque chacun des deux a un masque, en ce sens qu'il « joue » : mais seul l'orateur a façonné le sien et peut donc en répondre. Dès lors sa parole est enracinée dans un sujet éthiquement responsable, à ce titre elle a une valeur. On voit ainsi comment *persona* permet à Cicéron de construire le sujet éthique : tout en exploitant les possibilités offertes par les emplois grammaticaux et juridiques de *persona*, qui désignent le sujet ou l'objet d'une action, Cicéron maintient en filigrane la référence théâtrale pour souligner ce que le sujet éthique doit à sa manière d'être parmi les autres. On dira que celle-ci ne s'impose pleinement que pour l'orateur : mais l'orateur est le citoyen par excellence, l'homme dans sa complétude, être de raison, parole et affects, qui sait rendre visible à ceux auxquels il s'adresse chaque nuance de ce qu'il éprouve et qui sait prendre en compte ce qui sied à chaque situation.

> « *Il faut exiger de l'orateur la subtilité des dialecticiens, les idées des philosophes, les mots mêmes, ou presque, des poètes, la mémoire des jurisconsultes, la voix des tragédiens et jusqu'au geste des plus grands acteurs.* »[5]

5. Cicéron, *De l'orateur*, 1, 128.

Ces compétences recherchées chez l'orateur font voir combien *persona* est le concept pertinent pour relier tous les aspects de l'activité du sujet-citoyen-philosophe : penser, s'exprimer, faire entendre ce que l'on pense, en persuader ceux à qui l'on s'adresse et le « donner à voir ». Or toutes ces activités se situent dans la sphère où la théorie rhétorique opère pour atteindre ce qui est susceptible d'être prouvé/approuvé, *probabile* : en cela, l'orateur est celui qui tire le meilleur parti de toutes les possibilités offertes à l'homme dans le champ délimité par le *probabile*.

C'est pourquoi *persona* est le concept le mieux accordé au *probabile* : de même que le *probabile* crée un lieu qui ne se situe pas sur l'axe fixé par l'ontologie platonicienne, de même *persona* délimite un espace propre au sujet éthique : ce n'est pas la zone intermédiaire d'une vérité trahie ou feinte mais le lieu où s'échangent des paroles qui engagent la responsabilité et qui s'adressent aux autres. Ainsi *persona* ne renvoie pas à une ontologie dégradée mais permet de penser l'homme tel qu'il peut se connaître lui-même et connaître les autres. *Persona*, cohérence et vérité esthétique, dit au mieux ce qu'est le sujet éthique.

Le corps éthique du citoyen

Tirant toutes les implications que comporte l'analyse du sujet comme *persona*, Cicéron s'interroge sur le rôle du corps dans la construction et l'épanouissement de l'homme. Loin de s'en tenir à un dualisme sommaire au nom duquel le corps est relégué parmi ces incommodités qui freinent l'élan de l'homme vers la connaissance, Cicéron réfléchit à partir des corps qu'a façonnés la culture romaine, le corps du soldat endurci à l'effort, le corps de l'orateur travaillé pour révéler et susciter les émotions : à l'évidence, le corps s'éduque et se perfectionne pour contribuer à la pleine réalisation de l'homme. C'est de ce point de vue que Cicéron examine la place qu'accordent au corps les épicuriens et les stoïciens, qui ont ceci de commun qu'ils rapportent toute l'éthique à la nature, telle qu'elle leur paraît s'exprimer dans les premières tendances du corps. Mais les deux doctrines, selon Cicéron, sont inconséquentes : ni l'une ni l'autre ne sait maintenir jusqu'au bout la valeur éthique du corps. Les stoïciens en effet le laissent de côté quand ils évoquent les conditions du perfectionnement de l'homme, réduit à la pure rationalité, et les épicuriens ne s'interrogent jamais sur l'articulation de la raison et du corps.

> « *Nous devons prendre en considération ce que nous sommes afin de nous conserver tels que nous devons être. Or nous sommes des hommes, constitués d'un esprit et d'un corps faits d'une certaine façon : nous devons les aimer, comme le réclame la première impulsion de la nature, et fixer à partir d'eux la définition du souverain bien. (...)*
> *Allons, que tes stoïciens nous apprennent, ou toi, plutôt – car qui pourrait mieux le faire ? –, de quelle manière vous parvenez à faire que le souverain bien consiste dans la vie morale (ce qui signifie vivre en accord avec la vertu c'est-à-dire la nature) alors que vous êtes partis de ces mêmes principes et de quelle manière, ou en quel endroit, vous avez subitement abandonné le corps et tout ce qui, bien que conforme à la nature, n'est pas en notre pouvoir, ce qui, en un mot, définit le devoir lui-même. Je te demande donc comment la sagesse a subitement abandonné ces recommandations si importantes que la nature nous a faites.* » [6]

6. Cicéron, *Des termes extrêmes*, 4, 25-26.

La critique ici adressée à la doctrine stoïcienne, que Caton a présentée dans le livre précédent, articule sur deux plans le reproche général d'inconséquence : non seulement la sagesse, c'est-à-dire l'achèvement du processus de développement de l'homme, n'intègre plus les injonctions de la nature qui recommandent l'homme à lui-même, mais surtout elle laisse de côté tout ce qui fait que l'homme est homme au sein d'une communauté, accomplissant son devoir quand bien même la matière de son devoir échappe à sa maîtrise. En forçant le trait, on dira que la sagesse stoïcienne concerne un esprit sans corps (4, 28) et un citoyen refusant d'agir.

Si les conséquences de la position stoïcienne suffisent à montrer que celle-ci est irrecevable, et sur un plan anthropologique et sur un plan politique, c'est le processus même de construction progressive que les stoïciens ont eu le tort d'abandonner, alors pourtant qu'ils invoquent le modèle artistique pour définir la sagesse :

> « Ce n'est pas en effet à la navigation ou à la méde-cine que selon nous la sagesse est comparable, mais bien plutôt au jeu de l'acteur, que je viens d'évoquer, et à la danse en ceci que sa fin, c'est-à-dire la parfaite réalisa-tion artistique, n'est pas recherchée en-dehors d'elle-même mais réside en elle-même. » [7]

Dans cette comparaison proposée par Caton, ce qui rapproche la danse de la sagesse c'est l'autonomie, la parfaite indépendance à l'égard des circonstances exté-rieures pour sa propre réalisation ; Cicéron, au contraire,

---

7. *Ibid.*, 3, 24.

modifie radicalement les termes de la comparaison en rapprochant la sagesse de l'art du sculpteur : « Phidias peut sculpter depuis le commencement une statue et l'achever, tout comme il peut terminer une statue qu'il a reçue déjà ébauchée par un autre : la sagesse lui est comparable car ce n'est pas elle qui a fait naître l'homme, elle l'a reçu ébauché par la nature. » (*Des termes extrêmes*, 4, 34). Ainsi réexploité, le modèle artistique explicite l'éthique cicéronienne : ce vers quoi doit tendre l'homme est un façonnement progressif au cours duquel il se donne à lui-même sa forme propre. Or ce façonnement est un travail sur la matière, non ce « saut », cette radicale transformation que les stoïciens désignent du terme de *métabolè* pour qualifier l'accès à la sagesse.

L'image du modelage, contact incessant du sculpteur avec la matière, dit combien est importante l'articulation entre l'esprit et le corps et c'est de ce point de vue que Cicéron organise sa réfutation de l'éthique épicurienne.

Les épicuriens font du plaisir le souverain bien en se fondant sur le jugement des sens :

> « *Tout être vivant, dès qu'il est né, recherche le plaisir et s'en réjouit comme du plus grand des biens, et repousse la douleur comme le plus grand des maux, la rejetant loin de lui autant qu'il le peut. Et il agit ainsi quand il n'est pas encore altéré mais qu'au contraire la nature elle-même rend son jugement pur et intègre.* » [8]

Là encore, Cicéron constate que le corps tel que l'appréhendent les épicuriens est, comme chez les stoïciens, « laissé de côté » dans la construction de

8. *Ibid.*, 1, 30.

l'éthique puisqu'il cesse de remplir ses fonctions de
critère de jugement quand il s'agit de définir le bonheur comme un plaisir continu dont la possession
peut être sûre.

Pour s'assurer en effet la stabilité du plaisir, quelles
que soient les circonstances, les épicuriens font jouer
la mémoire des plaisirs passés et l'anticipation des
plaisirs à venir : or, objecte Cicéron, comment rapporter tout à la primauté du corps si c'est le travail de la
mémoire qui, en sélectionnant les plaisirs passés et en
laissant dans l'ombre les douleurs, donne au plaisir sa
durée (*Fin.* 2, 86-88 ; 90-92 ; 103-106) ? De même,
quand les épicuriens prétendent qu'on est capable
d'endurer les plus grandes douleurs en calculant
qu'elles seront suivies des plus grands plaisirs, pourquoi n'en tirent-ils pas la preuve que le corps peut
être entièrement travaillé et façonné par la raison?
Pourquoi cherchent-ils à s'appuyer sur le témoignage
brut du corps du nouveau-né quand le corps du sage
est modelé par une vie d'ascèse fondée sur la connaissance des limites du plaisir? Cette connaissance est
un raisonnement, que les épicuriens eux-mêmes désignent par *dianoia* et non pas le résultat de constats
empiriques qui sont impossibles à établir parce que la
chair seule ne peut fixer aucune limite au plaisir,
comme le voudraient les épicuriens (2, 22) : preuve
supplémentaire que le corps du sage épicurien, loin
de livrer de fiables témoignages sur la « nature » de
l'homme, est un « artefact » où se révèle la forte
emprise des règles éthiques.

Mais une fois ce point établi, il ne s'agit pas d'en
déduire que c'est en termes d'ascèse qu'il faut penser
le façonnement conjoint du corps et de l'esprit : au
contraire, et pas seulement pour provoquer les épicu-

riens sur le terrain qu'ils ont abandonné, Cicéron met en avant toutes les potentialités qu'offre à l'homme, pour qu'il atteigne sa plénitude, un corps maîtrisé dans le plaisir même (*Fin.* 2, 35). Plaisirs du goût, de l'ouïe, des yeux, autant de plaisirs que l'apprentissage et la pratique permettent d'accroître et d'affiner pour développer les sens et en faire des instruments précis et subtils du jugement esthétique : en cela, l'homme achève l'« ébauche » de la nature, aiguisant des sens non seulement supérieurs à ceux des animaux mais susceptibles d'être toujours plus finement éduqués (*Ac.* 2, 20 ; *Nat.* 2, 145-146).

C'est ce travail de modelage et d'« extension » des capacités du corps par la culture artistique qui offre, pour Cicéron, un modèle permettant de réfléchir au façonnement éthique du corps ; toutefois ce modèle n'a pas une portée générale parce que le corps de l'orateur romain n'est pas un corps d'acteur-danseur et que le corps du soldat romain n'est pas celui d'un athlète grec (*Off.* 1, 129-130). En d'autres termes, le façonnement du corps n'est pas une opération neutre, il vaut surtout par la fin qu'il vise : ni le soldat ni l'orateur ne cultivent leur corps pour le spectacle et si le déploiement de leurs capacités corporelles est bien souvent spectaculaire, la fin visée est la victoire, au forum comme au champ de bataille.

Le corps ainsi travaillé est un corps civique et c'est en cela qu'il a une valeur éthique : tout le débat mené dans le second entretien des *Tusculanes* pour répondre à la question « la douleur est-elle un mal » laisse à mi-parcours les réponses apportées par les stoïciens et par les épicuriens pour privilégier la pratique du soldat romain. Il ne s'agit pas de nier que la douleur est un mal, bien au contraire, mais de montrer que pour un citoyen formé à éviter le déshonneur, inconvenance suprême (*dedecus*), comme le pire des maux, la résistance à la douleur fait partie de l'apprentissage : à tel point que Cicéron traite de la douleur comme de l'effort (*labor*) du soldat puisque c'est l'habitude des efforts qui rend supportable la douleur, qui fabrique un cal de protection (2, 35-36). C'est pourquoi le corps du soldat façonné dans les exercices répétés, corps à ce point « culturel » que Cicéron peut dire que les armes en sont aussi les membres, l'emporte sur celui qui n'a pour lui que les forces vigoureuses de la jeunesse : c'est donc sur ce modèle qu'il faut réfléchir pour comprendre comment se fait, dans l'éducation du corps lui-même, l'intégration progressive des valeurs éthiques essentielles.

L'entraînement ne vaut que parce qu'il a lieu sous le regard d'une communauté : ce regard qui est jugement, qui fait naître immédiatement l'honneur ou le déshonneur chez celui qui lui est soumis, fait supporter les coups les plus rudes, comme le rappelle l'exemple des jeunes Lacédémoniens battus jusqu'au sang au cours des rites d'initiation. On comprend alors ce qui incite Cicéron à privilégier le travail de l'habitude plutôt que les savants calculs de la raison, à préférer aux maximes des philosophes les rudes leçons du vétéran : le travail de l'habitude n'est pas ici entendu comme un dressage répétitif, mais comme une assimilation, dans le corps même, des valeurs de la communauté. Cette assimilation se fait dans une relation d'échange : le jeune citoyen construit son corps conformément au *decus* que lui indique la communauté, il prend appui sur les autres et c'est pour les autres qu'il se forme.

Loin de l'autonomie radicale du stoïcien qui endure la souffrance en affirmant qu'elle n'est pas un mal, plus loin encore de l'épicurien qui la supporte en héros alors qu'il a dit que c'était le pire des maux, le citoyen romain oppose à la souffrance un corps longuement préparé par une culture civique. Refusant les conduites héroïques spectaculaires, celles que les fictions de la mythologie et de l'épopée ne cessent d'exhiber, Cicéron récuse du même coup les excès auxquels conduisent les éthiques hellénistiques : pas d'épicurien s'exclamant « comme c'est agréable » quand on le torture, pas de stoïcien armé seulement de « ses petits raisonnements » pour lutter contre d'atroces souffrances mais au contraire la lente construction de soi, éducation simultanée et réciproque du corps et de l'esprit.

Du bon usage des passions

Dans cette éducation, les passions jouent un rôle remarquable et là encore la position de Cicéron se mesure aux réfutations qu'il oppose aux stoïciens ainsi qu'aux péripatéticiens dans les *Tusculanes*.

Les stoïciens ont montré que les passions étaient toutes issues d'une « raison qui déraisonne » et la finesse de leurs analyses permet à Cicéron d'explorer plus avant le processus même du dérèglement passionnel. Mais c'est d'abord par une mise au point terminologique que Cicéron signale le déplacement qu'il fait subir aux descriptions grecques : tout ce que les Grecs englobent sous le terme générique de *pathè*, qu'il s'agisse de craintes, de désirs, de colère, Cicéron refuse de le désigner par *morbi* (maladies), ce qui serait pourtant la traduction exacte. Ces mouvements de l'âme quand elle est agitée sont des « troubles », des « perturbations » (*perturbationes*), certainement pas des maladies (*Tusc.* 3, 7) : c'est dire d'emblée que Cicéron n'écrit pas un traité de pathologie mais qu'il élabore une psychologie fondée sur les notions d'impulsion et de mouvement. La question qui se pose alors est celle de la limite à partir de laquelle l'impulsion se transforme en mouvement déréglé.

En contestant l'idée défendue par les péripatéticiens, pour qui les passions sont des aiguillons utiles et naturels, Cicéron peut préciser quelques distinctions essentielles : le courage sur le champ de bataille n'a pas besoin de colère, comme le voudraient les péripatéticiens lecteurs d'Homère et il faut clairement distinguer les impulsions propres au courage (*impetus*) de la rage coléreuse qui donne l'illusion de déployer des forces (*Tusc.* 4, 50). De même, le goût (*studium*) qui nous pousse à voyager ou à étudier ne saurait être confondu avec le désir (*libido*) (*Tusc.* 4, 53). Si l'on n'établit pas ces distinctions, on est amené à prendre tout mouvement pour un mouvement réglé ; d'autre part, si on qualifie de naturel tout mouvement passionnel, on est conduit à le conserver alors même que son excès le rend nuisible à l'homme (*Tusc.* 4, 57).

Seuls les mouvements qui ne s'opposent pas à la raison mais sont en conformité avec elle contribuent à la pleine réalisation de l'homme : mouvements de joie (*gaudium*) suscités par la contemplation du monde (5, 70), agrément (*iucunditas*) tiré de la fréquentation des amis (5, 72), plaisir et délectation (*uoluptas et delectatio*) que prennent les artistes à créer et les savants à mener leurs recherches (5, 114). Toutes ces impulsions qui permettent à l'homme de se déployer composent la vie du sage que Cicéron offre en contrepoint de la stricte impassibilité du stoïcien et de l'ataraxie de l'épicurien. Ces mouvements internes renforcent la

cohésion de l'homme, le tendent vers le monde exté-
rieur et les autres hommes : ils le poussent aussi à
exprimer ce qu'il ressent, à restituer du même coup
dans un langage accessible aux autres les subtils
déplacements qui ont produit en lui joie, sourire et
plaisir.

Pour cela, la lecture des poètes, le spectacle des
passions chantées au théâtre, tout ce qui nourrit le
« traité de style » sur lequel s'achève le dialogue *De
l'orateur* (3, 148-227), constitue un apprentissage fondamental, à deux niveaux : l'homme se donne ainsi
l'outil de communication le mieux apparié à la
richesse de sa sensibilité mais surtout, en travaillant
sur l'expression des passions, il en apprend le méca-
nisme et, comme un bon acteur (*Tusc.* 4, 55), il sait
percevoir le moment où le mouvement de la sensibilité s'oppose à la raison.

Ce n'est donc pas en prônant l'éradication des passions que Cicéron élabore sa réflexion éthique mais
au contraire en les étudiant pour être capable de les
reproduire, et donc de les maîtriser parfaitement,
c'est-à-dire en utilisant le corps et les informations
qu'il sait retenir. Comme pour l'apprentissage de la
douleur, le travail sur les passions passe aussi par le
modelage du corps : si le stoïcien Chrysippe a, selon la
tradition, entièrement recopié la *Médée* d'Euripide,
Cicéron va plus loin en conseillant de savoir aussi
« jouer ». Il s'agit en effet de jouer de telle sorte qu'on
ne soit pas dépassé par ce qu'on exprime : anticipant
le *Paradoxe du comédien*, Cicéron rappelle que, dans le
jeu, le bon orateur conserve toujours le contrôle de ce
qu'il fait ressentir aux autres. Dans ces conditions, on
peut véritablement savoir où est l'excès et, partant,
dans quelles limites se tient la modération.

En suggérant ainsi que l'expérience acquise dans l'expression de toutes les nuances de la sensibilité facilite le travail de limitation et de contrôle des mouvements de l'âme, Cicéron peut du même coup revendiquer pour le sage des émotions et des souffrances, comme l'affliction et le souci, que les philosophes de l'impassibilité lui refusent.

> « *Si nous fuyons l'inquiétude, alors il faut aussi fuir la vertu qui suscite nécessairement l'inquiétude en faisant mépriser et haïr ce qui lui est contraire (…)*
>
> *C'est pourquoi on voit surtout les justes s'affliger de l'injustice, les courageux de la faiblesse, les hommes mesurés d'actes scandaleux. Ainsi, s'il est vrai que l'affliction de l'âme atteint le sage, et elle l'atteint sans aucun doute à moins de considérer qu'on a arraché de son âme toute humanité, quelle raison y a-t-il pour faire complètement disparaître l'amitié de la vie dans l'idée d'éviter d'avoir à supporter des désagréments à cause d'elle? Car quelle différence faire, si on lui enlève le mouvement de l'âme* (motus animi), *je ne dis pas entre la bête et l'homme mais entre l'homme et un tronc ou un rocher ou n'importe quoi de ce genre.* » [9]

On voit ici comment Cicéron refuse de distinguer le souci d'autrui, qui culmine dans l'amitié, et l'affliction qui s'empare de l'homme juste à la vue de l'injustice ; il établit entre ces deux types de mouvement de l'âme un lien nécessaire qui en fait comme les deux aspects indissociables de la même définition de l'homme : le mouvement est ce par quoi il est un vivant animal – et non un tronc ou un rocher –, le mouvement est ce qui décrit le mieux non seulement l'attirance vers ce qui est semblable à soi ou ce qu'on

9. Cicéron, *L'Amitié*, 48.

cherche à imiter, mais aussi la répulsion à l'égard de ce qui est contraire. Cicéron maintient donc jusque dans la définition de l'adulte achevé cette dynamique de l'impulsion que les stoïciens et les épicuriens ont abandonnée, une fois passé le premier stade de l'enfance.

L'amitié comme paradigme du politique

Si l'analyse de l'amitié a tant d'importance, au point que Cicéron lui consacre l'un de ses derniers dialogues, c'est qu'à travers elle se dessine tout le réseau des relations grâce auxquelles l'homme progressivement se construit. Par la bienveillance, orientation active de la volonté en faveur d'autrui, l'amitié se crée et transforme ce qui pouvait être seulement une proximité passive, -communauté de relations familiales, d'intérêts, de clients- en une relation choisie où pourront s'épanouir l'élan vers l'autre et la douceur de liens garantis autant par l'échange de services que par l'attachement durable et le plaisir qu'il procure.

Dans cette relation, Cicéron montre comment s'articulent l'épanouissement éthique de l'homme et la construction du lien social et politique par excellence, celui que fonde la *fides* : sans la *fides*, qui est autant un engagement constant à l'égard de soi-même que le respect de ce qu'on doit aux autres, il n'est pas d'amitié possible, pas plus qu'il n'est de *res publica* qui puisse porter ce nom. Il ne s'agit pas ici d'analogie : si le lecteur d'aujourd'hui distingue la sphère privée d'un côté et la sphère publique de l'autre, en latin classique, en revanche, l'*amicitia* désigne aussi bien les liens politiques qui unissent deux hommes d'une même « faction » que l'élan qui pousse à aimer l'autre comme un autre soi-même.

Avec un tel outil linguistique, Cicéron peut approfondir la réflexion entreprise sur la construction éthique au sein de la communauté politique : on ne s'étonnera donc pas que son dialogue sur *L'Amitié* fasse exposer par Laelius, l'un des interlocuteurs principaux du dialogue sur *La République*, une réflexion sur l'amitié suscitée par la perte toute récente de son ami Scipion, lui précisément dont la mort imminente hantait la mise en scène du dialogue consacré à la *res publica*.

En proposant l'amitié de Scipion et de Laelius comme modèle, Cicéron esquisse pour son ami Atticus, au milieu des ruines de la république dans laquelle vivaient autrefois ces deux hommes, une voie pour re-fonder les liens éthiques nécessaires à la reconstruction de la communauté politique : il est remarquable que là où Platon proposait comme relation analogique entre la cité et l'âme la pratique de la justice, Cicéron développe plutôt le modèle de l'amitié. C'est que l'amitié, et elle seule, peut permettre d'atteindre la plénitude des vertus humaines (*Am.* 83) parce que, réciproquement, sans les vertus, il n'est pas d'amitié possible. Mais si l'amitié est bien l'étai grâce auquel l'homme se développe (*Am.* 88), la relation à l'autre est l'occasion d'un apprentissage difficile où se joue la maîtrise des affects : supporter la franchise avec laquelle l'ami exprime ses jugements, refuser la facilité de la flatterie, indigne d'un homme libre et réservée au tyran, en un mot savoir contrôler tout ce qui peut faire naître en nous l'irritation ou la suspicion (*Am.* 88-90). En cela l'amitié constitue la formation la plus pertinente pour la vie politique où se joue,

dans la confrontation libre avec les autres, le façonnement de soi comme être d'affects et de raison.

Au terme de cette lente et progressive construction
de soi, parmi les hommes et grâce à eux, l'homme
peut prétendre à un statut éthique que résume le
terme d'*auctoritas*: notion essentielle en droit romain,
qui désigne une compétence propre, celle qui fait
accroître l'efficacité d'un acte, l'*auctoritas* est aussi et
surtout le principe politique au nom duquel le Sénat
intervient dans toutes les prises de décision. Rapporté
à l'individu, le terme englobe tout ce qui donne à une
décision son fondement et ses garanties. Mais comme
le souligne Caton l'Ancien dans le dialogue *De la
vieillesse* (62), la vieillesse n'est pas la condition suffi-
sante pour jouir de l'*auctoritas*: c'est l'ensemble d'une
vie vécue avec droiture qui permet de recueillir l'*auctoritas* comme le fruit ultime de ce travail sur soi. On
ne saurait dire plus clairement que l'éthique cicéronienne procède en « réactivant » des concepts politiques: le but visé par le façonnement éthique
s'exprime ainsi, avec *auctoritas*, comme la compétence
absolue, celle qui permet de donner son accord et de
s'offrir comme garant à ceux qui sollicitent une aide.

Tourné vers les autres, nourri des autres, l'homme
qui a « sculpté » ce que la nature n'avait qu'ébauché
est devenu non pas un sage mais tout simplement un
homme. Car ce qu'il y a d'humain en lui, ce qui le distingue de la bête, est moins une donnée qu'une
construction, comme le fait entendre le terme *humanitas* dans lequel s'articulent la culture et la bienveillance à l'égard d'autrui: c'est rappeler combien le
perfectionnement de l'homme doit à son ouverture au
monde, celui des livres et celui des hommes.

Une philosophie pour le citoyen

Les stoïciens plaçaient dans un espace intermédiaire, ni parmi les biens ni parmi les maux, l'ensemble des activités propres à l'homme, englobé dans le terme *kathèkon*: de ce « convenable » Cicéron a fait l'*officium*, le devoir défini par une fonction dans la cité, un devoir dont la justification ne vient pas de son caractère « raisonnable » (*eulogon*) mais de ce qu'il peut donner matière à examen et susciter l'approbation (*probabile*). Au lieu de « traduire », Cicéron « déplace » et fait ainsi comprendre comment il peut s'approprier, en la modifiant radicalement, la réflexion éthique stoïcienne: ce qui, dans le stoïcisme, est intermédiaire et éthiquement neutre devient un instrument pour penser l'éthique à partir des conditions de l'activité humaine dans la cité. Mais Cicéron ne s'est pas limité à des réappropriations ponctuelles; les confrontations entre doctrines et les lectures critiques qu'il ne cesse de faire au sein de sa propre tradition philosophique ont un plus vaste enjeu: refonder philosophiquement la place du politique.

Cicéron a détaché l'éthique de la physique, reprenant à son compte, mais dans un tout autre contexte philosophique, le geste radical de Socrate qui fit descendre la philosophie du ciel pour l'installer dans les villes : alors que les philosophies dominantes faisaient dépendre l'éthique de la physique, Cicéron a réfléchi à l'éthique en partant de l'espace politique. A contrecourant des méthodes philosophiques qui recommandent de s'appuyer sur des principes fermement établis pour codifier et prescrire les conduites, le cheminement de Cicéron procède à partir de l'observation, fait une large place à l'histoire et aux exemples qu'elle transmet : il s'agit de réfléchir à l'homme tel qu'il est, c'est-à-dire tel qu'il a été façonné par la communauté humaine à laquelle il appartient et tel qu'il s'est façonné lui-même dans cet environnement précis.

Une telle démarche a pu longtemps nourrir le préjugé philosophique tenace selon lequel « les Romains », et Cicéron en particulier, ne s'intéressent qu'à une morale « pratique » exaltant les valeurs des grands ancêtres : c'est oublier que l'entreprise menée par Cicéron découle d'une position théorique très ferme. Quand les autres doctrines prétendent rapporter toute la vie humaine aux « lois de la nature », Cicéron met à l'épreuve les discours des physiciens et fait ressortir leurs nombreux désaccords pour montrer que l'impossibilité de connaître doit inciter à travailler suivant d'autres méthodes et avec d'autres concepts. C'est ce qu'il a fait progressivement en prenant en compte ce que l'homme, dans son avidité à connaître, peut parvenir à maîtriser : or cela n'est pas ce qui comporte un certain degré de « vérité » mais ce qui peut susciter l'examen, et éventuellement l'approbation. Là est la maîtrise puisque l'homme est actif face à ce qu'il met à l'épreuve et cette maîtrise ne dépend pas des conditions objectives- à supposer qu'elles existent- qui rendent possibles la connaissance : avec le concept de *probabile* Cicéron explore tout ce que l'homme peut maîtriser au sein d'un espace épistémologique qu'il délimite lui-même par son engagement de sujet, sans référence à une impossible ontologie.

Refusant pour l'homme le statut ontologique sinon dégradé, du moins « intermédiaire » que Platon lui a donné pour sa vie sur terre, Cicéron travaille au contraire, avec le concept de *probabile*, à donner sa valeur au seul espace où l'homme peut déployer toute son activité, l'espace politique. Pour cela, il déplace les questions classiques, pour ne pas dire rigidifiées, de la philosophie issue de Platon et montre ainsi ce qu'est une pratique active et libre de la philosophie : il n'y a pas une bonne et une mauvaise rhétorique parce qu'il n'y a pas une « vraie » et une « fausse » rhétorique mais il existe au contraire, dans l'usage commun et précis de la langue, un moyen extraordinaire de communiquer, de persuader, d'inciter à l'action aussi bien qu'à la recherche philosophique en commun. Voilà qui permet à Cicéron de dire que l'homme politique digne de veiller sur la cité est nécessairement orateur donc philosophe : ce n'est pas tant là un « programme d'éducation » qu'une radicale réhabilitation de la parole au sein de l'espace politique qui donne du coup sa place à la philosophie dès lors qu'elle refuse le jargon.

Mais Cicéron sait aussi que la parole comporte en elle violence et manipulations : loin d'idéaliser les conditions de la vie dans la cité, il montre au contraire combien sont fragiles les liens qui assurent la cohésion et l'équilibre des pouvoirs, combien tout acquis est provisoire et soumis à réévaluation constante. Pourtant c'est dans ce lieu de mouvements et de conflits, et seulement là, que l'homme s'accomplit pleinement : Cicéron fait du métier d'homme un travail incessant avec les autres et sur soi-même. C'est pourquoi il écrit une éthique politique qui privilégie la dynamique, celle de la confrontation, des impulsions, des affects, du corps travaillé par une culture civique. Il n'a pas exclu pour autant le rôle de la contemplation et de la spéculation dans le façonnement que l'homme fait de lui-même : le goût de l'étude, l'admiration pour le spectacle du cosmos, tout ce qui lui fait soupçonner le divin, dans le monde et en lui, autant de mouvements qui le maintiennent droit, en une posture que détermine le regard tendu vers le haut. Que ce regard atteigne seulement la beauté du monde, sans parvenir aux principes, n'est pas source de mécontentement et n'installe pas l'homme dans une insatisfaction métaphysique : toujours libre, curieux, l'homme qui ne cherche pas à transformer la contemplation en connaissance, tâche impossible, conserve une réserve de joie inaliénable quelles que soient les conditions dans lesquelles il doit accomplir son métier d'homme.

Bibliographie

Œuvres de Cicéron citées[1] :

De l'invention, texte établi et traduit par G. Achard, Paris, Les Belles Lettres, C.U.F., 1994.

De l'orateur, texte établi et traduit par E. Courbaud, Paris, Les Belles Lettres, C.U.F., 1938.

La République, texte établi et traduit par E. Bréguet, Paris, Les Belles Lettres, C.U.F., 1980.

Traité des lois, texte établi et traduit par G. de Plinval, Paris, Les Belles Lettres, C.U.F., 1959.

Brutus, texte établi et traduit par J. Martha, Paris, Les Belles Lettres, C.U.F., 1923.

Les Paradoxes des stoïciens, texte établi et traduit par J. Molager, Paris, Les Belles Lettres, C.U.F., 1971.

1. Les volumes de la Collection Guillaume Budé sont cités d'après la date de leur première édition ; tous ces volumes ont été l'objet de nombreuses réimpressions. Les traductions données dans ce livre sont personnelles.

L'Orateur, texte établi et traduit par A. Yon, Paris, Les Belles Lettres, C.U.F., 1964.

Premiers académiques, traduction par E. Bréhier, revue par V. Goldschmidt, Paris, Gallimard, Bibliothèque de La Pléiade, 1962.

Academica (texte latin et traduction anglaise des *Académiques premiers et seconds* par H. Rackham), Londres-Harvard, The Loeb classical library, 1933.

Des termes extrêmes des biens et des maux, texte établi et traduit par J. Martha, Paris, Les Belles Lettres, C.U.F., 1928.

Tusculanes, texte établi par G. Fohlen et traduit par J. Humbert, Paris, Les Belles Lettres, C.U.F., 1931.

La Nature des dieux, traduit et commenté par C. Auvray-Assayas, Paris, Les Belles Lettres, La Roue à Livres, 2002.

La Divination, traduit et commenté par G. Freyburger et J. Scheid, Paris, Les Belles Lettres, La Roue à Livres, 1992.

Timeo, intr., traducción y notas de A. Escobar, Editorial Gredos, Madrid, 1999.

Traité du destin, texte établi et traduit par A. Yon, Paris, Les Belles Lettres, C.U.F., 1933.

Caton l'Ancien (De la vieillesse), texte établi et traduit par P. Wuilleumier, Paris, Les Belles Lettres, C.U.F., 1969 (nouvelle édition).

L'Amitié, texte établi et traduit par R. Combès, Paris, Les Belles Lettres, C.U.F., 1971.

Topiques, texte établi et traduit par H. Bornecque, Paris, Les Belles Lettres, C.U.F., 1960.

Les Devoirs, texte établi et traduit par M. Testard, Paris, Les Belles Lettres, C.U.F., 1965.

Etudes sur Cicéron

P. Boyancé, *Etudes sur l'humanisme cicéronien*, collection Latomus 121, Bruxelles, 1970.

P. Grimal, *Cicéron*, Paris, Fayard, 1986.

C. Lévy, *Cicero academicus. Recherches sur les* Académiques *et sur la philosophie cicéronienne*, Collection de l'Ecole Française de Rome 162, Rome, 1992.

A. Michel, *Les Rapports de la rhétorique et de la philosophie dans l'œuvre de Cicéron. Essai sur les fondements philosophiques de l'art de persuader*, Paris, 1960.

P. Muller, *Cicéron. Un philosophe pour notre temps*, Editions l'Age d'Homme, 1990.

E. Narducci, *Introduzione a Cicerone*, Bari-Roma, Laterza, 1992.

C. Nicolet et A. Michel, *Cicéron*, Collection « Ecrivains de toujours », Paris, Editions du Seuil, 1961.

E. Rawson, *Cicero, a portrait*, London, 1975.

C. B. Schmitt, *Cicero scepticus: a study of the influence of the* Academica *in the Renaissance*, The Hague, 1972.

Ouvrages collectifs

L'Autorité de Cicéron de l'Antiquité au XVIIIe siècle, sous la direction de J.-P. Néraudau, Paradigme, Caen, 1993.

Cicero the Philosopher, Twelve Papers Edited and Introduced by J. G. F. Powell, Oxford, Clarendon Press, 1995.

Assent and argument. Studies in Cicero's Academic books, edited by B. Inwood and J. Mansfeld, Brill, Leiden, 1997.

Cicéron et Philodème. La polémique en philosophie, Textes édités par C. Auvray-Assayas et D. Delattre, Paris, Editions Rue d'Ulm, 2001.

Etudes sur la philosophie hellénistique

E. Asmis, *Epicurus' scientific method*, Ithaca/Londres, 1984.

J. Barnes and M. Griffin (ed), *Philosophia Togata I. Essays on Philosophy and Roman Society*, Oxford, Clarendon Press, 1997 (nouvelle édition).

Philosophia Togata II. Plato and Aristotle at Rome, Oxford, Clarendon Press, 1997.

C. Brittain, *Philo of Larissa – The Last of the Academic sceptics*, Oxford University Press, 2001.

V. Goldschmidt, *Le Système stoïcien et l'idée de temps*, Paris, Vrin, 1979 (4° édition).

A. Long et D. Sedley, *Les Philosophes hellénistiques*, traduction par J. Brunschwig et P. Pellegrin, 3 vols, Paris, GF Flammarion, 2001.

G. Rodis-Lewis, *Epicure et son école*, Paris, Gallimard, 1975.

Table des matières

Ce volume,
le trente-septième de la collection
« Figures du savoir »,
publié aux éditions Les Belles Lettres,
a été achevé d'imprimer
en janvier 2006
sur les presses de Normandie Roto Impression s. a. s.
61250 Lonrai, France

N° d'éditeur : 6386
N° d'imprimeur : 060247
Dépôt légal : février 2006
Imprimé en France